『一带一路』列国人物传系　总主编◎王一丽

盛宣怀传

官商奇才

徐帮学　唐　迪◎主编

華文出版社
SINO-CULTURE PRESS

图书在版编目（CIP）数据

盛宣怀传：官商奇才／徐帮学，唐迪主编．
——北京：华文出版社，2021.11（2023.6重印）
（"一带一路"列国人物传系）
ISBN 978-7-5075-5402-1

Ⅰ．①盛… Ⅱ．①徐… ②唐… Ⅲ．①盛宣怀（1844—1916）—传记 Ⅳ．①K825.3

中国版本图书馆CIP数据核字（2020）第260633号

盛宣怀传

主　　编： 徐帮学　唐　迪
责任编辑： 谭　笑
出版发行： 华文出版社
社　　址： 北京市西城区广外大街305号8区2号楼
邮政编码： 100055
网　　址： http://www.hwcbs.cn
投稿信箱： 784263235@qq.com
电　　话： 总 编 室　010-58336239
发 行 部　010-58336202/58336212
责任编辑　010-58336237
经　　销： 新华书店
印　　刷： 三河市嵩川印刷有限公司
开　　本： 880×1230　1/32
印　　张： 9
字　　数： 147千字
版　　次： 2021年11月第1版
印　　次： 2023年6月第3次印刷
标准书号： ISBN 978-7-5075-5402-1
定　　价： 58.00元

“‘一带一路’列国人物传系”编辑委员会

总 序

群星闪耀“一带一路”

“2100 多年前，中国汉代的张骞肩负和平友好使命，两次出使中亚，开启了中国同中亚各国友好交往的大门，开辟出一条横贯东西、连接欧亚的丝绸之路。”[①]2013 年 9 月 7 日，中国国家主席习近平在哈萨克斯坦纳扎尔巴耶夫大学发表演讲，以博古通今的睿智对大学生们娓娓道来丝绸之路古老而年轻的故事。

“我的家乡陕西，就位于古丝绸之路的起点。站在这里，回首历史，我仿佛听到了山间回荡的声声驼铃，看到了大漠飘飞的袅袅孤烟。这一切，让我感到十分亲切。哈萨克斯坦这片土地，是古丝绸之路经过的地方，曾经为沟通东西方文明，促进不同民族、不同文化相互交流和合作作出过重要贡献。

---

① 《习近平谈治国理政》，外文出版社，2014年10月第1版，第287页。

东西方使节、商队、游客、学者、工匠川流不息，沿途各国互通有无、互学互鉴，共同推动了人类文明进步。”“不同种族、不同信仰、不同文化背景的国家完全可以共享和平、共同发展。这是古丝绸之路留给我们的宝贵启示”，“为了使我们欧亚各国经济联系更加紧密、相互合作更加深入、发展空间更加广阔，我们可以用创新的合作模式，共同建设‘丝绸之路经济带’”。[①]推己及人，高瞻远瞩，引领时代，习主席在阿斯塔纳[②]通过哈萨克斯坦人民，首次向世界发出了让古老的丝路精神再次焕发青春和光彩的时代宣言。

2013 年 10 月 3 日，习主席在印度尼西亚国会发表了题为《共同建设二十一世纪“海上丝绸之路”》的演讲：“东南亚地区自古以来就是‘海上丝绸之路’的重要枢纽，中国愿同东盟国家加强海上合作，使用好中国政府设立的中国－东盟海上合作基金，发展好海洋合作伙伴关系，共同建设 21 世纪‘海上丝绸之路’”，“发挥各自优势，实现多元共生、包容共进，共同造福于本地区人民和世界各国人民”。[③]这个倡议和 9 月 7 日的演讲异曲同工、

① 《习近平谈治国理政》，外文出版社，2014 年 10 月第 1 版，第 287 页。

② 哈萨克斯坦新首都名称。

③ 同①，第 293–295 页。

遥相呼应、互为映衬，完整地提出了“丝绸之路经济带”和“21世纪海上丝绸之路”的宏伟构想。

从广袤的亚欧腹地哈萨克斯坦到风光旖旎的印度尼西亚，习主席提出的“丝绸之路经济带”和“21世纪海上丝绸之路”吸引了世界各国的目光。从2013年9月至2016年8月，习近平出访37个国家（亚洲18国、欧洲9国、非洲3国、拉美4国、大洋洲3国），对“一带一路”倡议的总体框架和基本内涵做了充分阐述。和平合作、开放包容、互鉴互学、互利共赢的丝路精神，共商、共建、共享的合作理念，驱散了“去全球化”的阴霾，为增长低迷的世界经济注入新的动能。各国纷纷将本国经济发展与中国政府制定的《推动共建丝绸之路经济带和21世纪海上丝绸之路的愿景与行动》规划相衔接。“一带一路”倡导的政策沟通、设施联通、贸易畅通、资金融通、民心相通等“五通”，正在以基础设施、经贸合作、产业投资、能源资源、金融支撑、人文交流、生态环保、海洋合作等为载体和依托，在全球掀起了投资兴业、互联互通、技术创新、产能合作的新势头。2016年中国牵头成立有57个成员国加入的亚洲基础设施投资银行（AIIB），2017年3月23日迎来13个新伙伴。孟加拉配电系统升级扩容项目、印尼全国棚户区改造项目、巴基斯坦国家高速公路项目和塔吉克斯坦杜尚别至乌兹别克斯坦道路改造项目已经获得亚投行金融支持，共商共建成为现实。

“一带一路”倡议得到国际社会的热烈响应。2016 年 11 月 17 日，第 71 届联合国大会 193 个成员一致赞同，通过了第 A/71/9 号决议，欢迎“一带一路”倡议，敦促各国通过参与“一带一路”，呼吁国际社会为开展“一带一路”建设提供安全保障环境。2017 年 3 月 17 日，联合国安理会全票赞成，一致通过第 2344 号决议，呼吁国际社会凝聚援助阿富汗共识，通过“一带一路”建设等加强区域经济合作，敦促各方为“一带一路”建设提供安全保障环境。

2017 年 1 月，习近平主席在联合国日内瓦总部发表题为《共同构建人类命运共同体》的重要演讲，全面深入系统阐述人类命运共同体重大理念，在国际上引起热烈反响，受到各方普遍欢迎和高度评价。3 月 23 日，联合国人权理事会第 34 次会议通过关于“经济、社会、文化权利”和“粮食权”两个决议，决议明确表示要通过“一带一路”建设“构建人类命运共同体”。这是人类命运共同体重大理念首次载入人权理事会决议，标志着这一理念成为国际人权话语体系的重要组成部分。

“一带一路”不是中国的独角戏，是与亚、欧、非洲及世界各国共同奏响的交响乐。中国恪守联合国宪章的宗旨和原则，坚持开放合作、和谐包容、政策沟通，培育政治互信，建立合作共识，协调发展战略、促进贸易便利化及多边合作体制机制。中国携手100多个国家和地区，依托国际大通道，以陆上沿线中心城市为支撑，以重点经贸产业园区为合作平台，共同打造新亚欧大陆桥、中蒙俄、中国－中亚－西亚、中巴、孟中印缅、中国－中南半岛等国际经济合作走廊进展顺利，中欧班列在贸易畅通上动力强劲，风景亮丽；以海上重点港口为节点，共同建设通畅安全高效的运输通道，实现陆海路径的紧密关联和合作，太平洋、印度洋、大西洋上巨轮往来频繁，不亦乐乎。亚太经合组织、亚欧会议、大湄公河次区域合作等有关决议或文件，都体现了“一带一路”建设内容。丝路基金、开发性金融、供应链金融汇聚全球财富，建设绿色、健康、智慧与和平的丝绸之路，增进各国民众福祉。

“一带一路”是人类历史上从未有过的恢弘蓝图，也是横跨亚非欧连接世界各国的暖心红线。“丝绸之路经济带”包括中国经中亚、俄罗斯至欧洲（波罗的海），中国经中亚、西亚至波斯湾、地中海，中国至东南亚、南亚、印度洋；“21世纪海上丝绸之路”包括从中国沿海港口过南海到印度洋再延伸至欧洲和到南太平洋。一路驼铃声声、舟楫相望，互通有无、友好交往。

在新的时代，在创新古老丝路精神的伟大进程中，习主席专门缅怀丝路开拓者，特意致敬古丝路精神奠基人："我们的祖先在大漠戈壁上'驰命走驿，不绝于时月'，在汪洋大海中'云帆高张，昼夜星驰'，走在了古代世界各民族友好交往的前列。甘英、郑和、伊本·白图泰是我们熟悉的中阿交流友好使者。丝绸之路把中国的造纸术、火药、印刷术、指南针经阿拉伯地区传播到欧洲，又把阿拉伯的天文、历法、医药介绍到中国，在文明交流互鉴史上写下了重要篇章。千百年来，丝绸之路承载的和平合作、开放包容、互学互鉴、互利共赢精神薪火相传。"①这种吃水不忘挖井人的情怀，再次展现了中华民族不忘历史、纪念先贤、展望未来的优秀文化基因，也为中国传记文学学会参加"一带一路"建设指明了方向和道路。

在古老的丝绸之路上，我们不曾相忘：张骞出使西域到过的哈萨克斯坦，山高水长的好邻居巴基斯坦，双头鹰下横跨欧亚之国俄罗斯，草原之国蒙

① 习近平：《弘扬丝路精神，深化中阿合作》，2014年6月5日，习近平在中–阿合作论坛第六届部长级会议开幕式上的讲话，《人民日报》6月6日第1版。

古，喜马拉雅浮世天堂尼泊尔，菩提恒河保佑之国印度，文化瑰宝伊朗，首创法典之国伊拉克，红海门户之国也门，石油王国沙特阿拉伯，波斯湾明珠巴林，雪松之国黎巴嫩，海湾之秀科威特，沙漠之巅阿联酋，半岛明珠之国卡塔尔，波斯湾霍尔木兹海峡守门人阿曼，万湖之国白俄罗斯，欧亚十字路口土耳其，流着奶和蜜之地以色列，欧洲粮仓乌克兰，亚平宁半岛上的文化巅峰意大利，阿尔卑斯之巅的瑞士，玫瑰之国保加利亚，与灵魂对话的思辨之国德意志，欧洲文化殿堂法兰西，欧洲客厅比利时，郁金香之国荷兰，热情如火的西班牙，还有正在脱欧的绅士国度英国，北非金字塔之国埃及，非洲屋脊奉马蹄莲为国花的埃塞俄比亚，香草大岛之国马达加斯加，等等。

沿着海上丝绸之路，我们会领略从林花园之国马来西亚，花园国度新加坡，千岛之国菲律宾，赤道翡翠之国印度尼西亚；沿澜沧江一路南下，我们不曾相忘澜湄泽润之国越南，千佛之国泰国，高棉的微笑之国柬埔寨，万象之都老挝，印度洋上明珠之国斯里兰卡，印度洋上的明星和钥匙毛里求斯，堆金积玉之国文莱，追求自由之国东帝汶，印度洋世外桃源马尔代夫，骑在羊背上的国家澳大利亚，上帝的后花园新西兰，等等。

“一带一路”沿线国家里，那些千百年来影响了人类与国家、民族命运并与中国曾经有过交往的古今人物，至今还能在教科书、影视剧里看到他们，还能感受到他们在一代一代年轻人身上所生发的影响和魅力。

当然，对于中国人来说，更为熟悉的是丝绸之路的开拓者。曾记否？丝绸之路开拓者中，有汉武帝和他的使节们，有首开大唐盛世的唐太宗及其无数臣民，有再续睦邻通商航海路的宋祖朝廷和无数先贤，还有金戈铁马风漫卷的元代人物，一统江山万里帆的明代人物，环球凉热自清浊的清代人物，东西碰撞溅火花的近代人物，还有经受风雨变迁、勇立海国之志的现代人物，更有丝路明珠敦煌莫高窟的守护者，卫国助邻的将军和通司中外的外交家们。当然，数风流人物，还看今朝，我们不能不浓墨重彩地讴歌那些智通商海，投身到新丝路建设中的当代人物。

耕云播雨，香火延续，智慧传承，历史再续！2100多年的友好交往历史从未隔断，惠及三大洲的中西交通从未停歇，21世纪的“中国梦”和“世界梦”汇成了人类命运共同体的时代和弦，响彻在“一带一路”辽阔的长空。也正因如此，2017年5月，北京喜迎来自“一带一路”相关国家的元首、政府首脑、前政要、知名企业家和专家学者等各界代表，以及国际组织的负责人等千名领袖，出席“‘一带一路’国际合作高峰论坛”。“千人盛会”共襄“团结互信、平等互利、包容互鉴、合作共赢”[①]之盛举，共商“沿线各国共同把蛋糕做大，一起分蛋糕”之合作共赢大计。这是中华民族和世界历史上都应该铭记的大日子。

以人物传记写作为己任的中国传记文学学会，在“一带一路”倡议实施中，肩负“讲好一带一路民心相通好故事”的使命和责任，这也是国家赋予我们的根本职责和任务。在中国文学艺术界联合会的领导下，在中国社会科学院国家全球战略智库指导下，中国传记文学学会以赤诚的家国情怀、强烈的时代精神、为人传记的责任担当，在认真调研、周密谋划、精心组织基础上，毅然决定倾注全力组织编写出版“‘一带一路’列国人物传系”。此煌煌百卷传系讲述近千名各国人物故事，集数百位专家作家尽心挥毫，去冬今春，夜以继日……幸得中国出版集团公司华文出版社出版发行。于是，各位读者得以读到手中的这套活泼而不失厚重、有趣而不失学养的列国人物合传书卷。

① 习近平：《弘扬人民友谊，共创美好未来》，2013年9月7日，习近平主席在哈萨克斯坦纳扎尔巴耶夫大学的演讲。

孔子曰：“仁者，人也。”让各国的先贤智者的思想光辉，照亮我们探索人类未来的道路。

传记明志，落笔为文，是为总序。

中国传记文学学会会长

“‘一带一路’列国人物传系”编委会总主编

王丽 博士

2018 年 3 月 8 日

General Editor's Preface

The Belt and Road Initiative was conceived in 2013. On September 7, 2013, Chinese President Xi Jinping proposed for the first time the blueprint in a speech at Nazarbayev University during his visit to Kazakhstan:

> Over 2,100 years ago during China's Han Dynasty, a Chinese imperial envoy Zhang Qian visited Central Asia twice to open the door to friendly contacts between China and Central Asian countries as well as the transcontinental Silk Road linking East and West, Asia and Europe.
>
> Shaanxi, my home province, is right at the starting point of the ancient Silk Road. Today, as I stand here and look back into history, I could almost hear the camel bells ringing in the mountains and see the wisps of smoke rising

from the desert. It has brought me close to the place I am visiting. Sitting on the ancient Silk Road, Kazakhstan has made important contributions to the exchanges and cooperation between different nations and cultures. This land has witnessed a steady stream of envoys, caravans, travelers, scholars and artisans traveling between the East and the West. The exchanges and mutual learning thus made possible have contributed to the progress of human civilization.

... Countries with differences in race, belief and cultural background are fully capable of sharing peace and development. This is the valuable inspiration we have drawn from the ancient Silk Road.

... To forge closer economic ties, deepen cooperation and expand development opportunities between Eurasian countries, we should innovate the mode of cooperation and jointly build an "economic belt along the Silk Road". ① Considering the interests of the world commnity, taking a broad and long view and leading the new era, in Astana, President Xi, through the people of Kazakhstan, for the first time issued a declaration to the world that the old Silk Road

① Xi Jinping, *The Governance of China* (Beijing: Foreign Languages Press, 2014) 287.

spirit would once again be rejuvenated and radiant.

On October 3, 2013, President Xi brought up this topic again in his address to the Indonesian Parliament under the title "Jointly Building the 21st Century Maritime Silk Road":

> Southeast Asia has since ancient times been an important hub along the ancient Maritime Silk Road. China will strengthen maritime cooperation with ASEAN countries to make good use of the China-ASEAN Maritime Cooperation Fund set up by the Chinese government and vigorously develop maritime partnership in a joint effort to build the Maritime Silk Road of the 21st century. China is ready to expand its practical cooperation with ASEAN countries across the board, supplying each other's needs and complementing each other's strengths, with a view to jointly seizing opportunities and meeting challenges for the benefit of common development and prosperity.[①]

The two talks framed the full picture of the

---

① Xi Jinping, *The Governance of China* (Beijing: Foreign Languages Press, 2014) 293-295.

conceptual "Silk Road Economic Belt" and the "21st Century Maritime Silk Road", which are collectively referred to as "The Belt and Road Initiative". Between September 2013 and August 2016, President Xi visited 37 countries (18 in Asia, 9 in Europe, 3 in Africa, 4 in Latin America and 3 in Oceania), giving a full exposition of the Belt and Road Initiative, from its overall framework to various details. The milieus of peaceful and all-win cooperation, financial integration, trade liberalization, and people-to-people bonds dispel the haze of anti-globalization and inject new vitality to the stagnant world economy.

The Belt and Road Initiative has been received with global enthusiasm. On November 17, 2016, all 193 member states of the United Nations unanimously passed the Resolution No. A/71/9 during the 71st Session of the United Nations General Assembly. This resolution endorsed China's Belt and Road Initiative, encouraged UN member countries to participate in the Initiative, and urged the international community to provide a safe environment for the implementation of the Initiative.

The Belt and Road Initiative is not a solo of China, but a symphony of countries from Asia, Europe, Africa and the rest of the world. By observing the Charter of the United Nations, China adheres to openness and cooperation, harmony and inclusiveness as well as policy coordination in order to bolster mutual political trust, reach cooperation consensus, coordinate development strategies, facilitate trade, and introduce multilateral cooperation mechanisms. China has established partnerships with over 100 countries and international organizations with the goal of jointly building a new Eurasian Land Bridge and developing China–Mongolia–Russia, China–Central Asia–West Asia, China–Pakistan, Bangladesh–China–India–Burma, and China–Indochina Peninsula economic corridors by taking advantage of international transport routes, relying on core cities along the Belt and Road and using key economic industrial parks as cooperation platforms. At sea, the Initiative will focus on jointly building smooth, secure and efficient transport routes connecting major sea ports along the Belt and Road, so as to achieve a closer connection and cooperation between land and sea routes, with the Pacific, Indian and Atlantic Oceans frequented by ships and vessels. Meanwhile, the Asia-Pacific Economic Cooperation

(APEC), the Asia-Europe Meeting (ASEM), the Greater Mekong Subregion (GMS) Economic Cooperation and many other regional cooperation mechanisms have included the Belt and Road Initiative in their relevant resolutions and documents.

We shall never forget the countries along the ancient Silk Road: Kazakhstan, the country visited by the Han Dynasty imperial envoy Zhang Qian; Pakistan, China's friendly neighbor bound by mountains and rivers; Russia, a country symbolized by a double headed eagle; Mongolia, the prairie country; Nepal, the paradise on the Himalayas; India, a land blessed by the holy river Ganges; Iran, a country full of cultural treasures; Iraq, the country where the famous *Code of Hammurabi* originates from; Yemen, the gate to the Red Sea; Saudi Arabia, the kingdom of petroleum; Bahrain, the pearl of the Persian Gulf; Lebanon, a country of cedars; Kuwait, a rising star of the Persian Gulf; United Arab Emirates, a diamond on the desert; Qatar, a gem on the Arabian Peninsula; Oman, the gatekeeper of the Hormuz Strait; Byelorussia, a country with myriad lakes; Turkey, the center of the crossroads of Eurasia; Israel, a country full of milk and honey; Ukraine, the granary of Europe;

Italy, the pinnacle of culture on the Apennine Peninsula; Switzerland, a country in the Alps; Bulgaria, the land of roses; Germany, a home to great minds; France, the cultural palace of Europe; Belgium, the drawing room of Europe; the Netherlands, a garden of tulips; Spain, the land of passion; United Kingdom, the country of gentlemen which is breaking from the EU; Egypt, a country of pyramids in North Africa; Ethiopia, the roof of Africa whose national flower is Calla Lily; Madagascar, the island nation where vanilla grows, and so on.

The Maritime Silk Road links Malaysia, a country of forests and gardens; Singapore, the flowery country; the Philippines, the country of a myriad of islands; and Indonesia, the emerald of the equator. Along the Lantsang River down to the south, we will pass Vietnam, the land nourished by the Mekong River; Thailand, a country of thousands of Buddhist temples; Cambodia, the home to Khmer smiles; Laos, the land of a million elephants; Sri Lanka, a bright pearl in the India Ocean; Mauritius, the shining star and key of the Indian Ocean; Brunei, a kingdom of gold and green; East Timor, a nation of independence; Maldives, a paradise in the India Ocean; Australia, the nation riding on the sheep's back; New

Zealand, the back garden of God, and so forth.

In the countries along the Belt and Road, names of distinguished figures, ancient or modern, who have affected the destiny of mankind, who have rewritten the history of nations, and who have had contacts with China, can still be found in today's textbooks, films and TV shows. We can still feel their enduring influence and charm on generations of young people.

Of course, for the Chinese people, the pioneers of the ancient Silk Road are more familiar. Yet, those who have devoted themselves to the building of the new Silk Road equally deserve our respect. In May 2017 during the Belt and Road Forum for International Cooperation, Beijing welcomed thousands of guests from around the world, including heads of state, heads of government, former politicians, business leaders, experts, scholars, and principals of international organizations. They gathered together in the common spirit of solidarity and mutual trust, equality and mutual benefit, inclusiveness and mutual learning, and win-win cooperation, to discuss how countries along the Belt and Road can work together to make the "pie" bigger and shared by all for mutual benefit.[①] This is a big day that should be remembered as a landmark in the history of the Chinese nation and the world.

The Biography Society of China, which makes it its mission to promote biography writing, shoulders the task and responsibility of telling well the stories of friendly exchanges among people of countries along the Belt and Road. This is also the fundamental duty and task assigned to us by our nation. Therefore, through careful investigation and passionate planning, the Biography Society of China decided to publish a hundred-volume series titled *Remarkable Lives Along the Belt and Road*. This project receives support from the China Federation of Literary and Art Circles and guidance from the National Institute of International Strategy of Chinese Academy of Social Sciences. From last winter till this spring, hundreds of experts were working around the clock on the biographies of a thousand remarkable lives. Here the series is presented to you.

As Confucius said, "Humanity is of humans". Let the lights of those great minds and lives illuminate our future

① Xi Jinping, "Promote People-to-People Friendship and Create a Better Future", Speech delivered at the Nazarbayev University, Kazakhstan, September 7, 2013.

path of exploration.

Comments, criticism and suggestions will all be appreciated.

Dr. Wang Li

Chairwoman:

The Biography Society of China

General Editor:

Remarkable Lives Along the Belt and Road

March 8, 2018

目 录

Contents

引 言

大家知道，今天的上海交通大学是我国历史最悠久、享誉海内外的高等学府之一，是教育部直属并与上海市共建的全国重点大学。经过 120 多年的不懈努力，上海交通大学已经成为一所“综合性、研究型、国际化”的国内一流、国际知名大学。

提起上海交通大学，我们不得不提到晚清的一位重要人物：盛宣怀。19 世纪末，甲午战败，民族危难。中国近代著名实业家、教育家盛宣怀和一批有识之士秉持“自强首在储才，储才必先兴学”的信念，于 1896 年在上海创办了交通大学的前身——南洋公学。建校伊始，学校即坚持“求实学，务实业”的宗旨，以培养“第一等人才”为教育目标，精勤进取，笃行不倦，在20世纪二三十年代已成为国内著名的高等学府，被誉为“东方MIT”。南洋公学是中国最早的近代公立的新式学校之一，作为中国封建体系逐渐崩溃之时学校教育变革时期的产物，是中国对新的教育体系的一个开拓性的探索，具有伟大的时代意义。

南洋公学是清朝末年官僚买办开办的一所中国最早的新型公立普通高等学校，标志着中国新型公立普通教育的开始。创办南洋公学主旨在创办商务学堂。1904年，盛宣怀还在“商务学堂”前加上“高等”两个字，将南洋公学改名为“高等商务学堂”。他说：“时局即以商务为亟，而商学尤以储才为先。现在各省设立商务学堂，求考政艺，不患无人，独商学专门来开风气。”（孙萍著：《三个世纪的跨越——从南洋公学到上海交通大学》，上海交通大学出版社2006年3月版）后学校改隶属于清政府的商部。这样，南洋公学作为工科大学也就在我国南方诞生了。

盛宣怀在创办商务学堂的同时，还积极发展实业教育。根据洋务发展趋势，兴办教育，力主让学校为实业服务，造就社会实用人才。于是在南洋公学内还积极倡导并创办了商船学堂，后又单独开办船政学堂。

南洋公学在开创近代学校新天地的同时，为社会培养了一大批杰出的人才，其中有为革命献身的勇士，如在辛亥革命时牺牲的白毓崐、著名的民主革命英雄蔡锷，他们在反帝反封建的斗争中英勇不屈，表现了大无畏革命精神；还有资产阶级民主革命的先锋邵力子和中国职业教育的奠基人黄炎培等，他们推动了社会的进步，是南洋公学的骄傲。

南洋公学作为新、旧两种教育制度体系变迁时期的产物，具有划时代的独创精神。南洋公学也是我国最早集师范、小学、中学、大学为一体的完整教育体制的学校，她奠定了中国公立学校教育由专门向普通发展的历史方向，并为以后的学校教育提供了蓝本。

南洋公学的创办者盛宣怀（1844—1916），字杏荪，又字幼勖，号愚斋、次沂、补楼，晚号止叟、思惠斋等。清末官员，秀才出身，官办商人、买办，洋务派代表人物，是著名的晚清政治活动家、企业家和慈善家，被誉为“中国实业之父”“中国商父”“中国高等教育之父”。

他生于道光二十四年（1844），于1916年去世，江苏武进（今常州市）人。其父盛康，是道光二十四年（1844）的进士，注重经世致用，曾以布政使衔掌职湖北盐法武昌道。盛宣怀于同治五年（1866）中秀才，后因不屑于八股时文，未从科举仕途进身，而注重实用，致力于中国当时最迫切需要的资本主义工商业的发展。

同治九年（1870）入李鸿章幕府后，盛宣怀很快建议李鸿章创办中国第一个民用航运企业轮船招商局，并受命于同治十一年（1872）春拟订第一个《轮船招商章程》。《章程》强调商本商办原则，但在当时保守势力占绝对统治地位的条件下未被接受，经他不懈努力，不久【同治十二年（1873）夏】即基本上按他的意见经营，使企业增强了竞争能力，得到顺利发展。盛宣怀在光绪十一年（1885）任该局第一任督办。

盛宣怀参与创办招商局后，就开始了他的实业家的生涯。光绪元年（1875）主持创办湖北煤铁开采总局，经营大冶、广济煤铁矿务，并自己买下了大冶得道湾矿山，接着又经营湖北荆门煤矿；光绪八年（1882）创办山东平度和辽宁金州等地金矿。与此同时，光绪六年（1880）他创办天津电报总局，经营电线电报业，在架设津沪电线之后，苏、浙、闽、粤、湘、鄂、赣、鲁及东北、西北、西南等20余省区的电线基本上都是在盛宣怀的主持下架设的。光绪十二年（1886）他任山东登莱青道后，创办山东内河小火轮航运公司。光绪十九年（1893）接办失火后的上海机器织布局，成立华盛纺织总厂。光绪二十二年（1896），接办张之洞无力再继续办下去的汉阳铁厂，改官办为商办。同年，督办全国铁路总公司，抓紧南北主要干线卢汉铁路的修筑。光绪二十三年（1897），创办中国通商银行，以适应和促进近代工商业的发展。光绪二十八年（1902）

设立全国勘矿总公司，勘查全国各地主要矿藏，以便择要开发保利权。光绪三十四年（1908）将汉阳铁厂、大冶铁矿、萍乡煤矿合并，组成汉冶萍煤铁厂矿公司。此外，盛宣怀还在山东烟台利用当地原料倡办张裕葡萄酒厂和缫丝厂等企业。为了适应实业的发展需要，盛宣怀一贯重视教育，培养新型人才，光绪二十一年（1895）在天津创办的北洋大学堂（今天津大学前身）和光绪二十二年（1896）在上海创办的南洋公学（今上海交通大学前身），是其中的代表。

正是因为盛宣怀基本上控制了所有重要的洋务民用工业企业，经济上成为支持清王朝的柱石和对外关系上的有力帮手，他在清政府的官职也是步步高升，成为晚清炙手可热的大员。用慈禧太后的一句话说，“今日看来，盛宣怀为不可少之人”（姜正成主编：《中华商圣系列：实业之父盛宣怀》，中国财富出版社 2015 年版），盛宣怀对清朝廷的重要性可见一斑。

盛宣怀之所以能办成这些事业，首先是有强烈的“与洋商争利”思想作指导。他认识到西国富强莫不由于兴办工商，也认识到洋人侵我利权日盛的形势，于是下定了挽回利权，加强竞争能力的决心，以与洋人在市场上角胜。第二是坚定的“商本商办”观点。他认为要在市场上取胜必须要那些将盈亏“视为身家性命”的商人来投资创办和经营企业。历史证明他的主张是正确的。他虽做过山东登莱青道兼东海关监督、天津道兼天津海关监督、商务大臣直至邮传部尚书等高官，但他一直是官对企业经营“不过问”的主张者。故能在“人皆视为畏途”的异常艰辛的道路上取得成功。今天，我们阅读盛宣怀的故事，探寻他的人生足迹，了解他对我国洋务运动和近代中国工商业发展所做的贡献，对于在更开放的社会环境中促进“一带一路”建设和我们国家的现代化事业，一定会给我们许多的借鉴和启迪。

一、非常之人，走非常之道

1. 创办工业企业的高潮

在特定的历史背景、地域民风的影响下,英雄人物便会应运而生。所谓“非常之世,必定有非常之人,走非常之道”,盛宣怀就是出生在这非常之世的非常之人，他的成长历程展现的也是一条非常的人生之路。

盛宣怀所处的时代正是一个“非常之世”，而且也出现了一些“非常之人”。从 19 世纪 70 年代开始，清朝廷的官员们开始创办“求富”的工业企业，他们把有钱和有专门知识的商人都吸收到现代工业中来。结果，被招募者大多来自买办。虽然他们与洋商的直接接触并没有使他们成为工业管理方面的内行，然而他们与外国事物的接触却使他们更乐意进入这些新式企业。第一批新成员是买办唐景星（唐廷枢）和徐润，他们在同治十二年（1873）辞去了洋行的职务，接受了李鸿章总督的邀请，经办那一年早些时候创立的轮船招商局。他们因此为自己的企业家角色增添了官僚买办的色彩。当他们从航运发展到纺织和采矿时，他们不再是私人的、“非生产性”的商人了，而成为半官方的制造业实业家。这个变化便这样被带进中国商界。

当这些商人呈现出某种程度上的官方身份时，其他具有官方背景的人也开始渗入商人阶层。在某种意义上说，这不是新事物。但由于传统观念对从商者的贬抑，大多数投资商业的官员都秘不示人。与此相反，19世纪后期，许多在职官员及其表现出理财才能的子嗣开始公开表示他们在私人和政府兴办的企业中活动的兴趣。从19世纪70年代起，当转变为工业经营成为可能时，这种表示便特别真切。某些人虽保留着其官方任职，却把他们的大部分精力专用于监督官办和私人企业，有的人则正式退出官场以便能够全力投入企业。

下面的人物，他们在当时社会中的各种角色以及他们仍然保持与政府的关系颇能让人了解当时社会的特色。

严信厚（1828—1906），又名严筱舫，于19世纪50年代在上海开始其商人生涯。他与官场的首次联系是通过左宗棠，左宗棠要求他为其军队筹备食品供应。在19世纪60年代早期，胡光墉把他推荐给李鸿章。胡光墉对严信厚的文学成就和个性气质印象深刻，他感到这在一个“市侩”社会，对于出身于一个普通的市井人家的人来说是难能可贵的。虽然当他入李鸿章幕府时据称有贡生功名，但这可能是捐来的头衔。他也大概出身于商人家庭，家谱上没有任何为官的祖先。而且他的家乡——宁波慈溪，因出了许多杰出商人而著名。在李鸿章麾下的时候，他曾被派为河南盐务督销。

严信厚的早期经历在某些方面与盛宣怀和胡光墉有相同之处。他与盛宣怀具有类似的幕府经历和管理财政事务经历。与胡光墉一样，具有半官方身份。严信厚与左宗棠的关系大概很像胡光墉早期与布政使王有龄的关系。不过，严信厚后来发展

宁波商帮的开山鼻祖严信厚

成为一个与盛宣怀、胡光墉都迥然不同的企业家。19世纪70年代，当他已从其经营政府财政的官位上取得大量财富时，便不再为李鸿章服务而转移到私人工业和金融业。他最初搞纺织业，然后是面粉厂、榨油厂、铁路、内河运输和钱庄，最后从光绪二十二年（1896）起，成为盛宣怀在中国第一家现代银行——中国通商银行的合伙人。虽然严信厚未重新开始其宦途，但他买了一个候补道台身份并继续保持与官方的联系。光绪十六年（1890）至光绪二十九年（1903），几乎每年他都在为朝廷筹集赈款、国债或在军需方面委有官差。光绪二十七年（1901）至光绪二十九年（1903），他与盛宣怀合作在上海筹备商人团体，后来成立中国第一家商会。光绪三十年（1904）当商会在上海创立时，严信厚成为其首任总理。他在宁波的行会和若干在上海的慈善堂也很活跃。与盛宣怀不同，盛宣怀被认为是参与了企业活动的一个官僚；严信厚被其上海的商界同行认为是一个具有官绅身份的企业家。他是所谓“绅商”的一个很好的代表。

张謇（1853—1926）的家庭许多代以来一直是小农。其父是他家族中的第一个读书人。他成为文人，纯粹靠意志的力量，因为张謇的祖父本来更想让他把全部时间用于帮助自己务农，但是张謇的父亲一直想读书入仕，还是没有达到参加科举考试的资格。作为一个有本领和足智多谋的人，父亲设法找钱来偿还家里欠的债务，然后，逐渐成为一个有一定财产的、在村里受人尊敬的调解人。一家人几乎是他靠拥有一个小商店来补充其务农收入。最初，父亲送张謇及其兄张詧一块上学。后来，家里经济拮据迫使父亲停止了张詧的学业以使他能料理家务和照顾生意。

状元实业家——张謇

他们家早就与一位姓吴的瓷器工匠兼买卖人有联系。张謇的祖父娶了家境稍好的吴家独女，并同意把自己的一个孩子过继给岳父家。但不清楚是哪个儿子被过继出去，因为有的儿子后来死了。后来是张謇本人被指定要过继出去。因此张謇的父亲经常与那工匠兼买卖人的外祖父住在一起，而张謇本人也被冠以吴姓，直到 10 岁。这时，他父亲才深知张謇的智慧潜力。

当张謇后来转向工业时，不知道这些商人和手工工人的先辈们对张謇有何种遗留的影响。不过值得指出的是，张謇并非像人们想象的那样，是纯粹的农民家庭背景的人。

同治七年（1868）张謇通过了他的第一轮科举考试，这时他才15岁。从这时起，他一直受到考场晦运的折磨。直到光绪十一年（1885）他第六次尝试时才成为一个举人，随之而来的又是四次考进士的失败。当他于光绪二十年（1894）终于成功时，在那一年同科士子中，他荣膺状元。到此时他已41岁了。

与此同时，在参加各次科举考试期间，张謇作为受人尊重的幕友和学者也有长期的、成功的经历。从19世纪80年代中期起，他作为士绅领袖在家乡南通（靠近上海）参与一些诸如税务改革、编练民团、水灾救济以及促进蚕丝业发展等地方事务。

光绪二十年（1894），因其科举的胜利，张謇被授以翰林院修撰。但就在这一年他便因其父过世而回家守孝两年，这次硬性的离职给予他反思宦途的机会。虽然他长期是个幕友型的“非正式”官员（他曾谢绝官方的数次推荐，因为他执拗地要取得进士功名并做个正途官员），他做官不到一年，但已经感到十分厌倦：官僚政治体系的僵化，很难升迁，而翰林院纯粹是咨询与学术性质的职位。直到后来他才声明，他走进工业界的最主要原因便是其强烈的冲动，也就是要证明像自己这样的学者并不是人们眼里普通的一个书呆子。还有一个原因就是朝廷官员令他极为反感的奴性。光绪二十年（1894）张謇在北京目睹的一个事件成为促使他放弃仕途的一个重要因素。张謇非常震惊地看到朝廷官员们，无论年龄大小，无论官职高低，全部要按照朝廷隆重的礼仪屈膝跪在倾盆暴雨后泥泞的道路上，只是为了迎候慈禧太后返回京城。可是，张謇非常哀痛地注意到，这位孤傲并且目中无人的老妇人甚至都没有侧一下头来感谢这满地趴伏的竭尽封建效忠的大官小吏。

另一个影响他的因素便是受到光绪二十年（1894）中国战败和签订屈辱条约的震动，新的条约允许外国人在中国建工厂。不过，当他终于决定全力投入工业时，这似乎是他经历曲折道路后的结果。张謇深信需要彻底的改革，而这种改革的基础在于引进现代教育制度。当他明白新式教育需要资金时，他决定首先转入工业企业以为其教育计划筹款。

光绪二十二年（1896）至光绪二十四年（1898），张謇历尽艰辛开办了其第一家工业企业——大生纱厂。从棉纺厂经营开始，张謇把他的企业才能运用于其他工业，然后又用于土地垦殖、河道管理、渔业。在这些活动中，张謇得到了他哥哥张詧的帮助。此时，张詧通过张謇的关系已经当上了知县。张詧后来放弃宦途，把自己转变为一个能干的工业经营者。他俩的长期联合也保证了稳定的经营管理，这在当时的中国是少有的，无疑有助于张謇的许多冒险事业的盈利能力。张謇尽管保守，但他离开了官场就预示着他会成为一个企业经理。

张謇在民国初年仅仅是短暂地重返官场，担任过农商部长。20世纪初，他被聘为商部顾问，受到像刘坤一这样的封疆大吏的青睐，并在教育、地方自治和立宪等领域一系列近代化尝试中保持了政治上的活跃。

2. 不同阶层的商人群体

像张謇和严信厚那样的人员，不仅放弃了官职，而且基本上成了企业家。但是他们没有因此丧失其官绅身份。他们从其官方关系中得到了举足轻重的支持。的确，正是这类支持使他们取得了最大限度的成功。张謇的儿子、传记作者张孝若这样写道："在中国的社会，要做事就和官脱离不了关系；他能够帮助你，也能够破坏你；如果民间做事，能得官力帮助，那自然就事半功倍了。"（参见陈庆华著：《绅商企业与官府关系——以郑孝胥与日辉织呢厂为例》，《青春岁月》2013年第09期）

聂缉椝及其儿子聂其杰代表了另一类官员，或者更准确地说，代表了进入商人阶层的官员家族。

聂缉椝（1855—1911）虽然出身于湖南一个士绅

世家，却未能获得举人功名。不过，通过其妻曾纪芬是曾国藩女儿这个有利条件，光绪八年（1882）总督李瀚章给了他一个小官的职位。不久，通过类似途径，他逐渐引起另一个总督左宗棠的注意。他先是被委以帮办,后于光绪十年（1884）任上海的江南制造局总办。光绪十六年（1890）升任苏松太道，这次提升也归因于其妻的叔父——总督曾国荃，曾专门为他向朝廷上奏，使他越过9个候选人而得任此职。聂缉椝通过地方等级制度迅速崛起,相继任江苏（1900）、安徽（1901）和浙江（1903）巡抚。光绪三十一年（1905），他因滥用和挪用官款而被御史弹劾,此后,其宦途便陡然终结。

“苏松太道”这个职位给聂缉椝带来了取得财富和声誉的绝好机会。在此以前，即使是在江南制造局供职期间，他都没有经手过大笔官款。因为其家庭不过是小康，人们可以推测，即使他长期住在激励他投资的上海，他也并没做任何实质性的生意。光绪十六年（1890），在他就任新职和改善了经济境遇的情况下，他和另一个道台及若干商人一起在沪创办华新纺织新局。光绪十九年（1893），他投资于由盛宣怀主持的另一家工厂——华盛纺织总厂。后来大约在光绪三十年（1904），当他任浙江巡抚时，取得对衰退中的华新局的控制，并任命其大儿子聂其杰为经理。新的管理使工厂转而盈利，第一年就获纯利10万多两白银。光绪三十四年（1908），聂以32万两白银将该厂全部买下。

时值聂其杰和一个弟弟都才20多岁，便负责管理这个已被改组为“恒丰”的纺织工厂。聂其杰小时候跟约翰·弗赖尔夫人学过英语，这出于如同他母亲所记的原因：“感于外国语文与科学之重要。”两兄弟都接受了工程技术培养，因为他们家已明确地判定：现代教育和现代技术会提供令人尊敬的职业。两兄弟都一直留在棉纺工业，并在20世纪20年代成为上海的主要实业家。1920—1922年，聂其杰被选为上海总商会的会长。

对于聂缉椝来说，由官向商的转化发生在三代人以上。聂缉椝的先祖已是正式官员，而他的岳父曾国藩是最重要的同治中兴领袖。根据人们的想象，他们与商人是风马牛不相及。不过，聂缉椝自己在没有基本的举人功名的情况下便开始了他的宦海生涯。通过他妻子的家庭关系，聂缉椝靠非正常途径进入官场。许多后来成为要员的同代人也以类似的方法开始了其宦海生涯，其中包括袁世凯。聂缉椝具有一切“合适”的官员背景；他自己也具备了进入官场的条件，并取得了成功，他一生的行动和思想都像个官员。因此，虽然他很快把他的官员义务与工业投资和管理结合起来，但在那时他也不能公开地承认参与了那些工商活动。他妻子在1932年写了他的年谱，虽然对于他通过私人关系得到官职非常坦率，但对于他的生意事业却很隐讳，她漠视聂缉椝初期参与的事实。聂缉椝也曾反对这样的提议，因为他“当以居官不便自营商业谢却之”。至于聂缉椝在1904年左右接管棉纺厂的控制权，她为之辩护道，聂缉椝只是在总办的反复恳求后才勉强同意接管的。最后，至于聂缉椝在1908年彻底买下工厂，她归之于她两个儿子的要求。在她老年的时候，由于她欲把其已故的丈夫描绘为正直官员的典范，她努力为他掩盖的比他实际上为自己掩盖的还多。

当把这些人与那些出身于商人家庭环境的人，以及通过各种方法获得官方或半官方身份同时又继续作为商人的人，也就是像胡光墉、孟洛川、徐润和唐景星等各有所不同的人放在一起考察的时候，人们会毫不犹豫地承认新成分已悄悄渗入商人阶层。19世纪末20世纪初即有了“绅商”这个词，并得到普遍应用。

众所周知，官和绅早已一致地把他们的多余收入投入土地。田产不仅稳定，还如同费孝通和其他许多人已指出的那样，能以“两千年来一直接近于收成的百分之五十的高额地租”出租。不过，即使在50%的庄稼收获量能被不打折扣地征收之时，土地也不能确保高额利润率，因为田地和稻米的价钱是易变的。根据张仲礼的研究，整个19世纪，稻米价钱相对于土地价钱而较慢地上涨，导致了土地投资者利润增长的衰减。18 世纪后期，土地投资的年利润率在完税以前计达 10%。到 19 世纪 20 年代，由于土地价钱几乎增长了 5 倍而稻米价格仅增长 2 倍，利润率降到 4%。后来，在 19 世纪 80 年代，因为土地价钱又上涨了 3 倍，利润率在完税后进一步滑落到 2% 以下。20 世纪 20 年代，卜凯进行的耕地调查表明，利润率保持在约 2.5% 的低水平上。

另一个影响大量的官和绅经商的因素是 19 世纪末和 20 世纪初绅士阶层内的社会压力。由于人口增长，功名拥有者的定额和官职的定额不能平衡，书生精英为了功名和官职的竞争就更为激烈。另外，因官僚政治的商品化和腐败混乱而正在贬值的官衔促使了更多文人的不满，他们把其职业追求从官场改变到企业界。张謇便是一个恰当的例子，只是经过顽强的坚持，他才在科举考试中成功。但几乎在刚一成功后，他便选定抛弃其来之不易的宦途，以便开始从事实业。

很多商人与士绅的融合是 19 世纪中国几个社会变化的必然结果：工商业活动因为外来影响而发展；由于人口压力而使士绅供过于求；由于内部叛乱与外部影响而导致国家管理与专门技术方面的人才极为短缺。眼前的情况让士绅在意识形态上发生了观念上的改变，他们认为民族要想生存，就必须依赖于他们主办现代企业的能力。既然绅商是唯一具备科学的管理技能来经营新式企业的一类人，自然也可以给他们提供个人获利的机会。因此，为了共同的利益，他们为自己创办了经济现代化的基本体系，并且变成其忠诚的追随者（参见陈锦江著：《清末现代企业与官商关系》，中国社会科学出版社 2010 年版）。

3. 早期的熏陶与教育

盛宣怀早年为官，进而经商，是典型的“绅商”了。

常州的盛氏是江淮一带的大姓，在常州当地颇负盛名。传说他们的远祖是周文王的儿子郕叔武，到穆王时把姓郕改为盛，因而后代就开始以盛氏传承。到后来盛氏又划分为南北二宗，南宗自古梁（今陕西汉中和四川东部一带）迁到广陵（今扬州境内），宋王朝南渡时再次迁至金陵（今南京）。直到明朝，有个名叫盛睿的老祖宗，带了全族老少迁居到了常州，就在城西北的龙溪河畔修建房屋居室，自此盛氏家族在常州长期定居下来。瞬间百年如白驹过隙，盛氏子孙更加枝繁叶茂，族大根深。那个地方也就变成了盛家湾，成了盛氏家族常州一脉的最大的本源地。

盛氏能够成为地方大姓，不只是人数众多，更在于历朝历代，都曾经出过知名的人物。清代嘉庆、道光、咸丰年间，盛家的门风曾一度变得显赫。首先是盛宣怀的祖父盛隆【字惺予，死于同治六年（1867）】在嘉庆十五年（1810）中举，做上了浙江海宁知州，紧接着他的父亲盛康在道光二十年（1840）中举，之后更是在道光二十四年（1844）考中进士，荣获了封建社会的最高学位，做上了工部主事，后来外放为地方官员，前前后后历任铜陵知县，庐州、宁国府知府，和州、直隶州知州，湖北督粮道、盐运使、盐法武昌道兼布政使、按察使等职，并且曾经一度负责过山海关海防转运的相关事务。他在常州与苏州也做过不少善事，他创办的人范书院（后改为人范小学），就是专门培养盛氏子弟的一所学校。凡是入该校读书的盛氏子弟，不用交学费，因而在盛氏大家族中享有很高的声誉（参见姜正成著：《中华商圣系列：实业之父盛宣怀》，中国财富出版社2015年版）。

盛宣怀

数十年后盛宣怀青出于蓝而胜于蓝，在上海“发迹”后亦来此大兴土木，除了上海静安寺的老公馆外，还在常州构造了前后11进的府邸。盛家在常州的两处府邸相距不过100米，高墙重檐，庭院幽深，世人莫不以之为瞻，遂成常州城气焰最炽的门户。

现在常州城内嵌着“盛宣怀故居”大理石牌子的地方，叫“马园巷”，而不远处是靠近古运河边上的、充满了传奇故事的青果巷。盛家大院选址于青果巷，可算是占尽天时地利。

青果巷古称“千果巷”。因明代以前的常州古运河是由西水关穿城而过，流经这儿后再出吴门而蜿蜒东去的，所以运河成了南来北往的主要交通线，城区和临城区的运河沿岸，也就成了过往船只的商品集散地。不知从何朝何代起，东西南北的水果贩子都爱来这一段河沿卸货设摊，久而久之就成了南北果品的“专用市场”了，于是就有了“千果巷”之美称。明万历九年（1581），知府穆炜在城外又辟新河，过往舟船从此改道，然而水果市场已成定局，即使果船不从这儿走，水果市场也依然兴旺，但“千果巷”却被讹呼为“青果巷”而沿用至今。

随着岁月的流逝，水果市场已不知不觉地改变成菜市场了。每天天刚蒙蒙亮，沿河两岸就开始变得热闹非凡。天空如果飘着小雨，河边屋檐下就会闪现两道“彩龙”——由五彩缤纷的各种雨伞、雨衣以及雨棚连接起来的商贩摊子和购物人流，姹紫嫣红，沿河列队，最是别致的一景。河中小舟“依乃”荡去，河边那些竹篮竹筐里的青萝卜与紫菱角以及小白菜，全部都是鲜嫩嫩、水灵灵的，让人由衷喜爱。

如果绕到那雨伞和雨布连成的“彩龙”背后，在濛漾细雨中细审那默默无语的枕河人家，那陈年古画般的“乌衣”旧户，真是别有一番滋味。一道“风蚀”了的旧门槛、一扇残缺了的花格窗、一道不经意的飞檐、一堵依然挺立却已灰尘满面的封火墙……一不小心，就会勾出一串动人心魄的往事（参见宋路霞著:《盛宣怀家族》，上海科学技术文献出版社 2009 年版）。

这条古巷的大户中，最著名的是抗倭名将唐荆川的家族，其故居叫“贞和堂”。唐家原有易书、筠星、四并、复始、松健、礼和、八桂、贞和共八堂，合称“唐氏八宅”，占去了青果巷内一大片房屋，现在贞和堂的楠木厅仍在。唐家祖先是宋代翰林唐华甫，明初时唐伯成率子孙迁居常州，落户巷内，一门科举鼎盛，举人、进士、知府、知州，代有人出。艺术人才出了唐世英（书法家）、唐世宁（画家）两兄弟，武将中出了抗倭英雄唐荆川。多年后唐荆川的七世孙唐执玉又爆得大名，为康熙年间进士，官至刑部尚书、蓟门总督，成为从青果巷中走出来的两位尚书之一，另一位即盛宣怀。

唐家后人对明朝忠心耿耿，因而在清初就参加了反清复明的活动，因而倒了大霉，老房子被清军抄没，家族子弟游走草间，隐匿多年。被抄没的房子后来被官府拿来拍卖，一部分被庄氏家族购买。这个庄氏家族同样是常州大户，也就是后来盛宣怀的继配夫人、盛氏家族后期的主管庄德华夫人的娘家（参见宋路霞著：《盛宣怀家族》，上海科学技术文献出版社 2009 年版）。

唐家对面的董家，也是当地知名的富户。唐、董两家是世代的姻亲，以至于自家人都数不清有多少“裙带”关系了。每逢过年时，两家人相互走访拜年，为了避免行人干扰，就把青果巷的东西栅门关了，慢慢地这也就成了规矩。董家出的人物不少，盛宣怀的原配夫人出自这个董家，近些年被提及的藏书名家董康也是出自这个董家，此人曾出任伪华北政权立法院院长，据说其母的墓志铭原石当年没有入土，至今还在董家老屋中。

恽家老宅处在青果巷与雪洞巷之间，距今已有百年历史，恽家子孙现在仍然住在里面，老宅保存完好，古典的庭院环绕以雕花回廊，一座水磨砖的双月洞门，这是晚清贵阳知府、道光年间进士恽鸿仪的书斋。恽鸿仪是著名画家恽南田的后代，书香世家，与书法家费念慈还是儿女亲家。恽家老宅是恽鸿仪选定的住所，晚清太平军起义，恽家人全都吊死在护城河北岸的祖宅，恽鸿仪回乡后才迁到青果巷。

青果巷是一条大巷，内中又辟出一些小巷，其中一条叫“太初庵”，也是一个有故事的地方。

几百年前，明代礼部主事郑振先、翰林院庶吉士郑鄤父子在此居住，现在仍归其后裔居住。由于郑振先的号叫“太初”，所以名其巷为“太初庵”。其子郑鄤少有才名，18 岁中举，28 岁中进士，达翰林，只因后来与东林党交往，揭发阉党，招致魏忠贤、温体仁的忌恨，被囚禁三年，最后被凌迟处死，实为明末震惊朝野的一大冤案。

与盛家老宅相邻的，是清末海派文学大师、谴责派小说巨匠李伯元先生的故居——留余堂。李家原来沿河有 64 间房子，今只存三开间两进，前门厅梁上至今尚有荷花、寿桃等黄杨木雕刻，后院尚存李家当年白石洗砚池一方。

青果巷还出了许多现代名人，如著名实业家刘国钧以及革命家瞿秋白和张太雷、实业家兼藏书家陶湘、著名语言文字学家赵元任、著名书画家汤贻汾、汉冶萍公司萍乡煤矿矿长张赞宸……全部是近百年来，自这条古巷中走出的英雄俊杰（参见宋路霞著：《盛宣怀家族》，上海科学技术文献出版社 2009 年版）。

于是，常州的老辈人说，青果巷原本就是一块风水宝地，而盛家两代人均构屋于此，两处深宅大院南北相映，东西风光坐占殆尽，怎能不“发”呢？

盛宣怀的名字是他祖父盛隆给起的。盛隆在盛宣怀出生之前，就已经给孙子起好了名字。他给儿子盛康写信说，按照族谱里面算的话，孙子是“怀”字辈，另外岳飞的《满江红》里面写道“壮怀激烈”，而且他写此词的时候亦是充满了爱国情怀，所以就叫“盛宣怀”吧，他希望孙子以后能干出一番可圈可点的大事业。当时盛宣怀的父亲盛康，正在翰林院学习，虽然他的妻子分娩在即，但是他也脱不开身。盛康一想，自己好不容易有了出头之日，正是加劲儿往上爬的时候,万万不能为了照顾妻子而断送了自己的前程。于是，他马上写信回家，说自己忙不开，不能回去照料，还说父亲盛隆已经给孩子取好名了。就这样，盛康这边安心地学习，妻子那边则等待着分娩。

据说，在盛宣怀的母亲怀上他时，盛隆梦见故乡庭院中的一株老杏树花开似锦，这就是在他出生后盛家在欣喜之余为之取字“杏荪”的由来。这件事表明盛氏家族对盛宣怀期望之高。因为荪是一种为人喜爱的香草，杏荪——既代表了盛家两代对他的祝福，也代表了他们对他的期待：如杏花之似锦，期待他前程光辉灿烂；如荪之芳香，期待他能得到人们的拥戴和喜爱。不言而喻，盛家两代希望盛宣怀走一条科举功名、高官厚禄的人生之路。这也就是两千多年来封建传统知识分子一直追求的最高理想的人生之路。

常州城的老人对盛宣怀的出生却有不同的说法：城中有个天宁寺，寺里有个高僧即将圆寂，他嘴里含着一颗青杏，对小和尚说："明天天一亮你就去城中寻访有小孩出生的人家，如果有新生儿哭不出声音，你就将他口中青杏取出，他就是为师的转世。"小和尚听罢，一早便去城中寻访，果真有一家昨天夜里刚生了一个小孩，这个小孩便是盛宣怀。得知小孩哭不出声音，小和尚急忙前往查看，正像老和尚说的，小孩嘴里有一颗青杏，小和尚将青杏取出，返回寺里，而这时老和尚已经圆寂……大部分常州人都是接受转世说的，他们认为盛宣怀一生行善，维护天宁寺，就是因为他是老和尚转世。还有一种说法，盛宣怀去世时是身穿袈裟入殓的，是"和尚转世"的证明。

盛宣怀是家中长子，下面有 5 个弟弟。不幸的是他们相继离世：老三廷怀和老四寰怀均夭折；老五星怀（薇荪）在甲午战争的朝鲜战役中牺牲，朝廷恤赠其太仆寺卿衔；老二盛俊怀（蕉荪）附贡生、老六盛善怀（莱荪）附监生，不到 20 岁便离世。万幸的是，盛宣怀不仅长寿，而且官运亨通，子孙满堂，为国家做出了很多贡献。

等到重阳节的时候，盛康放假了，他的兴奋之情溢于言表，一路风尘地赶回了家。回到家的盛康看着自己白净可爱的儿子，甚是欢喜，随后便大摆筵席，宴请宾朋。等家里人宴请完后，盛康的父亲盛隆把他叫到了书房，将为官之道向他一一道来。虽然盛隆在官场上并没有多高的造就，不过他却深谙为官之道。

最后，盛隆嘱咐盛康，要为国家和百姓出力，那样才不枉为一个读书人。言外之意是告诉盛康，以后要是能当上官，一定要勤政爱民，致力于国家社稷，不能贪污受贿，搞小动作。

且不说盛康从小到大都宽厚待人、严于律己，单是在翰林院学习的过程中所了解的是非曲直，便使他很清晰地知道自己应该做什么，不该做什么。所以听完父亲的告诫，盛康连连保证，说一定不辜负父亲的苦心。

等与家里人热闹完了以后，盛康带着妻子、抱着孩子到了北京，安顿下来以后就立即来到了正阳门一个胡同里的一所四合院。这院里住着谁呢？不是别人，正是李鸿章。李鸿章的父亲是盛康的老师，在清朝那会儿，恩师可是需要一生都尊敬的。也就是说，恩师有什么教导，当学生的要是不全力以赴，那就得被世人耻笑，这就是“尊师重道”一说的传统。

学生有孩子了，当然得把这个消息告诉老师，而且还要登门拜访。李鸿章当时和盛康关系很近，而且在盛康考中进士的那年，李鸿章考上了举人，随即，两人一拍即合，义结金兰。有了这层关系，才有了日后盛宣怀投奔到李鸿章幕下的事。

李鸿章和他的父亲看到盛康夫妇和他们的儿子时，都显得特别高兴，尤其是李鸿章的父亲。自己的学生有出息了，又后继有人了，当老师的自然开心。盛康和李鸿章在卧室里谈论着天下大事。这两个人都是很有抱负的，因此他们在一起可谓十分“对路”。两个人谈论的主要话题便是第一次鸦片战争的余波，以及清政府割地赔款等事宜。

那时有志气的读书人，无不以国家兴盛为目标。盛康的父亲曾经告诫他要担负起振兴国家的责任，因此，战败的清政府让盛康长吁短叹。

李鸿章也是一个志向高远之人，他说洋人之所以能够轻易地打败清廷，凭借的就是船坚炮利，如果清廷能够在边防海域地区加强武备，那么战争的胜败还未可知。李鸿章还表示，如果朝廷能够大力地整顿海军，那么便会提升整个清军的战斗力。可以说，李鸿章年轻时所提出的这些观点，便是他日后开展洋务运动的思想基础。

关于盛宣怀早年生活的资料很少。我们知道道光三十年（1850）至咸丰十年（1860）是他入私塾读书的 10 年。

清朝的教育制度差不多是因袭明制，教育和科举并驾齐驱，但是清朝 200 多年教育比较明朝而言更加偏重科举，学校基本上是等于摆设。直到清末，教育的情况更加糟糕，学校就是名存实亡。在名义上，清朝的确开设有各种各样的学校：中央有国子监与为八旗子弟所开设的官学，地方上也有各级儒学——府学、州学、县学，各地还有由国家建立的大小书院。为了弥补书院的不足，或者为贫寒子弟也能接受教育的原因，国家在有些地方还设有小学与社学以及义学。除此以外，还有各级各类私人设立的教育机关或者称为“私馆”，有的私馆开设在富贵人的家里，由富贵人家直聘教师来教授；贫寒之家则经常联合一村或者数村开设一个书馆或者“村塾”，聘请有才学的教师来教，有时候也有教师自己独立开设私馆或“门馆”，以便于让附近子弟出钱来学习。这种私馆主要分低、高两级：低级专教儿童，又称“私塾”;高级专教成人，名为“经馆”。儿童或成人在没有入学前或科举失败后常在这种私馆中学习和补习。实际上，各级各类学校都不过是科举的附庸，有其名而无其实。至于支配全部教育的科举制度，到了清末，腐化的程度也达到了极点。考试舞弊已经是司空见惯，习以为常，“有力之家，每每为之，而未尝稍以为愧”（聂振伟著：《北京教育古今谈》,《前线》1985 年第 06 期）。

清朝末年，封建王朝对中国人民思想的控制变本加厉，毫无放松之意。为了麻痹人民反抗斗争的意识，清朝统治者尤其提倡所谓“义理、考据、辞章”等为统治阶级服务的学术流派。

所谓“义理”就是程朱派的理学（宋学）。它是由北宋的二程（程颢、程颐）兄弟开创，到南宋朱熹集大成的新儒学，是一种封建统治者奉为维护其专制主义统治的道学，在清朝大力提倡之下，成为统治阶级的代表思想。所谓“考据学”（“汉学”）开始还注意于“经世致用”，到后来变成了专讲考证、训诂、校勘的古文经学。这种学风，引导人们厚古薄今，脱离现实，不问世事。而所谓“辞章”，主要是指当时流行的桐城派古文。这一派古文学是以程朱派理学为内容的。他们制定一套僵化的、固定的形式，将散文拘禁在通经明道的圈子里。他们所提倡的文学只是在文句上不像八股文那样拘束，而思想和格律与八股文基本上是相通的。

义理、考据、辞章三者就是当时所谓“学问”。它们有一个共同的特点，正如严复所指出的，就是“无用”和“无实”。它们都是束缚人民思想的利器，为清朝的统治服务。

当时，教育上影响最大的，实际上还是各地所设立的“私塾”，它乃是所有有机会受到学校教育的人们接受最初步的教育的地方。它不只是士族子弟入学前的预备学校，也是一般从事各行职业不准备加入士族阶层的劳动人民或知识分子接受最早的基础教育的场所。

盛宣怀生长于地主知识分子和封建官吏的家庭，可以说他是士族子弟。他的祖父是举人，父亲是进士。因此，他的少年时代，必然要接受封建教育，为以后的科举功名做准备。道光三十年（1850）开始，盛宣怀入私塾读书。当时的私塾的课程不外是读书与习字两种。读书以《三字经》《千字文》及《四书》为教材。以《三字经》为最初入门，这是人人必读的一本书。儿童年龄稍大，或读毕上述教材后，预备将来加入士族阶层的，则加读《五经》及《千家诗》；不预备加入士族阶层的，则加读《幼学》及各种实用杂学。

盛宣怀在私塾读书10年，《三字经》《千字文》《千家诗》等这些文字简练、通俗有韵，宣传儒家思想和封建道德的课本，是其必读之书。

《三字经》文字简练，概括性极强；三字成句，或三字倍数成句，句句押韵，读来朗朗上口；通俗易懂，便于记诵。少年读过，竟终生不忘。全书仅1000余字，但内容丰富，涵盖面极广。先讲学习和教育的重要性，接着讲伦理道德规范，包括名物常识、经史诸子、历史次第、勤勉好学范例等内容。许多语句，如“养不教，父之过；教不严，师之惰”“玉不琢，不成器；人不学，不知义”，成为家喻户晓、妇孺皆知、代代传诵、脍炙人口的名言警句。特别是书中用300字概括了中华五千多年的历史变迁、朝代更迭、帝王兴废，此书因而被人称为“袖里通鉴纲目”。

《千字文》以识字为主，包括天文、史地、动植物名称、农业知识、道德规范，另外也吸收了很多民间流行的成语谚语，简明扼要，通俗易懂。尤其是书中对自然现象的描述，对农业生产知识的推广，是该书最大的特色，也是其难能可贵以及为人乐道之处。

盛宣怀像其他学子一样，在私塾中接受了启蒙教育，通过记诵、背识，接受了中国的传统文化和伦理道德思想，而且受到其较深的影响，培养了“好思、奋进”的个性。为了以后的科举功名，他还和其他学子一样，加读了《四书》《五经》等孔孟经书。但当时私塾的教法只有课读与背读两种，讲解时间很少，因此，当时的学子实际上能够了解课文意义的是非常少的，盛宣怀也不例外。私塾所教授的内容自然是远远不能满足盛宣怀的，他渴望学习到“有用之学”。然而，原本处于温馨安稳环境中的盛宣怀，在这时却要面临着战火带来的颠沛流离。

4. 在战火中历练与成长

第一次鸦片战争后，清廷为了筹措列强的赔偿款和弥补巨大的鸦片贸易亏损，增加了新的捐税。而清廷在战争中直接损失1.28亿多两的白银，超过政府两年的全部税收。这样庞大的负担，归根究底，还是要转嫁在人民的身上。同时，由于鸦片的继续大量输入，白银外流、银价高涨的趋势有增无减。农民卖米所得，以钱折银，贵贱相差，负担无形中增加一倍以上，再加上新捐税，不得不破产挨饿。而国内土地又大量集中在封建贵族和汉族大地主手中，地主交赋时自然也因银贵钱贱受到损失，但他们总是把损失转嫁到佃户身上。除此以外，清政府在征收田赋和漕粮时，又有许多额外的勒索。这些额外勒索，往往超过赋税定额的数倍乃至十数倍。而一切负担，直接或间接地都落在贫苦农民身上，至于大地主豪绅，非但没受损失，反而从中渔利。这种情况加速了农民和手工业者的破产（参见陈景磐著:《中国近代教育史》，人民教育出版社2006年版）。

战后，英、美资本主义对华倾销商品，其中以棉纺织品为主。这使得中国传统的棉纺织手工业遭到摧残。五口地区的东南沿海一带的自然经济开始解体，也使大批手工业者和农民失业破产。

总之，外国资本主义的侵入、掠夺，加重了封建统治阶级的剥削，农民、手工业者大量破产，土地兼并日趋严重，出现了“村村饿莩相枕藉，十家九室无炊烟”的现象，农民生存艰难，阶级矛盾尖锐化。各地农民纷纷暴动，少数民族也群起反清。从道光二十一年（1841）至道光二十九年（1849）农民起义就发生了100多次，而道光三十年（1850）则高达23起。农民起义的范围遍及内地18省和西北边疆：捻党在长江以北地区纷纷暴动；少数民族的反清起义则遍布于西南、西北等地区；以“反清复明”为宗旨的天地会起义则遍及长江流域及南方各省。到咸丰元年（1851）终于爆发了空前规模的太平天国农民运动（参见吕思勉著：《中国近代史》，民主与建设出版社2015年版）。

咸丰元年十二月十日（1851年1月11日），太平军在金田起义。

贫苦农民、手工业工人是拥护太平军的。成千上万的劳苦群众踊跃参军，“浑身是胆喜冲锋”。太平军穿越整个湖南省，一举攻占了长江中游重镇武昌府。咸丰三年（1853）二月二十日，太平军攻克南京，改名“天京”，定为都城，正式建立了与清政府对峙的政权。太平军乘胜相继占领了天京外围的重要据点，使天京、镇江、扬州连成一片，土垒深壕，沿江设防。

太平天国自金田起义至攻克南京，历时不过两年加两个月，其进军的速度之快，发展之迅猛都是古之未有的。太平天国取得的巨大胜利，让清朝统治者坐立不安。为了挽救可能出现的分崩离析的局面，清政府动员所能掌握的所有人力和物力投放到南方战场上去。江南与江北两个大营可以说是清政府的两支精锐部队。它们南呼北应，严密地卡住了南京（天京）的脖子，遏制了太平军的东进与北上，让南京长期处于严重的困顿之中。

咸丰三年（1853）至咸丰六年（1856）间，太平天国为尽快解除威胁，同时夺取长江中下游各省，逐步扩大自己的领域，巩固武汉、九江和安庆三大据点以确保南京，展开了北伐、西征和后来的南京破围战。

咸丰三年（1853）四月，太平天国直捣北京的北伐战争虽然失败，但是西征取得重大胜利。咸丰六年（1856）三月，围困南京3年之久的江北、江南两大营先后覆灭，解除了威胁南京的肘腋之患。太平天国在政治上、军事上达到了全盛时期。

不久，太平军进逼常州，盛宣怀伴祖父母转避于江阴、盐城等地，时盛康任职湖北粮道，派人接父母、儿子去鄂，盛宣怀和祖父母由南通航海至宁波，经浙江、安徽、江西等省，转辗半年达于鄂。这半年，“崎岖险阻”“水陆数千程”，盛宣怀和堂兄柏荪一路照料着祖父母，“至纤至悉，将护维谨，使老人不知有乱离转徙之苦”。这一年，盛宣怀14岁。他为避战乱，转辗于几地的生活经历，看到了下层社会的艰难生活。这种艰难生活给他留下深刻的印象，可从成年后的盛宣怀终生最关注的实业和赈济两件事得到说明。对于艰难的生活现状来说，实业与赈济两件事，一件是治里，一件是治表。盛宣怀的儿子盛同颐在追念其去世的父亲一生的经历时也说过，“府君……历四十余载，劳苦忧患百折不移，平生最致力者，实业而外唯赈灾一事”（参见宋路霞著：《盛宣怀家族》，上海科学技术文献出版社 2009 年版）。

面对风起云涌的太平天国运动，清政府责令地方官员各自组织兵勇团练进行镇压。不久，曾国藩便把自己有名的一支军队——湘军，给训练出来了。当时曾国藩在湖南，因此军队便叫“湘军”。湘军就已经是一支精锐部队了。当时朝廷的正规军，像是摆设一样，平时一副整装待发的样子，但一动真格的，便软弱得

曾国藩的湘军炮兵

很。因此，朝廷不得不依靠地方的武装力量。

在地方上，除了曾国藩外，还涌现出了一些大人物，左宗棠、李鸿章为其中的佼佼者。

李鸿章在盛康任职湖北知府后，也慢慢地崭露头角，后来经由曾国藩的提携，出任江苏巡抚。他在镇压太平天国的过程中，起到了很大的作用。他组建的淮军，出自湘军，这支地方军是镇压太平天国不可缺少的一支地方武装。

太平天国起义虽然势如破竹，但是好景不长，“天京事变”（是指1856年9月由天王洪秀全策划的血洗东王杨秀清势力的事件）使得太平军的力量大大地削弱了。在这种情况下，曾国藩、左宗棠及李鸿章等人趁热打铁，对太平军进行了大面积的“清剿”。同治三年（1864），辉煌了10多年的太平天国失败了。

正当这些地方军与太平天国打得天昏地暗的时候，外国的帝国主义列强乘虚而入，发动了第二次鸦片战争。《北京条约》签完后，这些列强打着“合作”的旗号，帮着清政府镇压太平天国。在这种情况下，太平天国怎能不败？

清廷镇压了太平天国，并没有表现得多么高兴。因为第二次鸦片战争失败并签订屈辱的《北京条约》，又给清政府带来了沉痛的打击。

随着外国资本主义侵略的深入，鸦片烟毒泛滥日广，清朝封建统治危机四伏，大厦将倾的危殆局势更为加深，这使一部分比较开明的封建官僚地主阶级知识分子受到很大震动。为了挽救濒于崩溃的清朝封建统治，他们首先从封建蒙昧主义中觉醒过来，主张面对现实。他们尖锐地揭露和抨击了封建专制统治下存在的痼疾，要求改革弊政，力主强国御侮。这些人数量不多，但是影响不小，和那些沉溺于天朝“尽善尽美”的幻想冥顽昏聩、盲目虚骄、拒绝任何改革的封建顽固派迥然不同，他们是封建地主阶级中一部分政治上比较敏锐、思想比较开明，具有远见卓识和革新精神的地主阶级知识分子。他们认为：应该打破粉饰太平、不问现实、夸夸其谈的士林风气，引导人们注视现实问题的严重性；他们提倡“经世致用”，反对僵死的宋学和汉学。他们指出：汉学引导人们埋头故纸堆中，搞烦琐考证，耗费精力时日；宋学侈谈心性义理，无实无用。两者都完全脱离实际，严重束缚人们的思想，不仅使学术衰败，摧残人才，而且败坏社会风气，贻害国家。他们主张：必须尽快摆脱宋学的桎梏和汉学的羁绊，关心现实社会政治问题的探讨和研究，寻求改革社会的良方，以挽救垂危的封建统治。这样，地主阶级改革派在思想界举起了“经世致用”之学的旗帜。所谓“经世致用”之学，就是要求面对社会现实，关心国计民生，通经以致用，即着重学习经史的微言大义，用以研究、解决现实社会政治生活中的问题。

在变化多端的中国晚清社会中，这些经世致用者关心和研究社会现实，投身于时代变革之中。当时，经世致用者们有科学技术派，他们致力于物理、化学、军工、机械等自然科学研究，试图以科学技术为药石，振衰起弱，富国强兵；还有中体西用派，他们主张学习西方的军事技术，并积极派留学生、译西书、改学制、设学堂、兴军工、办实业、练军队，目的是维护伦纪圣道，富国、强兵、治民;另外还有维新派。在这种变革之中，当时最主要的工作是以引进先进科学技术、兴办工矿企业为中心的洋务活动了。

有人说清朝晚期的皇帝一点建树都没有，其实不然，洋务运动便是晚清皇帝的一大壮举。如果没有洋务运动，可能中国会完全沦为帝国主义列强的殖民地，从此不得翻身。可以说，洋务运动为晚清时期中国的发展，添上了浓重的一笔。也正是由于洋务运动，才使得盛宣怀有了“用武之地”，让中国在某些方面，一度领先于列强。

办洋务的念头有了，清政府便派军机大臣奕䜣，成立了总理衙门，也就是与外国互相通商或者处理外交事务的政府机关，性质和现在的外交部差不多。

中央政府成立了外交部，地方也不能闲着。于是，朝廷委派在“清剿”太平天国运动中的大功臣曾国藩、左宗棠、李鸿章和沈葆桢等人在地方也成立了专门的机构，开始兴办洋务。

总的来说，在洋务运动中，起重要作用的还要属地方的部门，因为他们确实是干实事的，如成立了洋炮局。而中央的总理衙门，无外乎就是处理与外国之间的往来事务，并没有实质性的建树。

咸丰十一年（1861），道光年间的进士冯桂芬，写成了《校邠庐抗议》一书，其中主张“采西学、制洋器”，也就是说学习人家外国先进的科学技术。这本书对当时的洋务派有着重要的指导作用。自此，在一定意义上，也标志着洋务运动的正式开始。

4年后，也就是同治四年（1865），曾国藩和李鸿章在上海成立了“江南制造总局”，专门制造一些枪炮、弹药、轮船和机器等，另外还设有翻译馆等文化教育机构。而且在这一年，李鸿章自己又在南京设立了金陵机器局。

前面说李鸿章和盛康在一起谈论国事时，就曾经说过洋人之所以厉害，便是借洋枪洋炮、坚船利舰之利，所以在他的思想中，早有了“欲治国先治器”之说，就是说，要想安定国邦，不受外人欺负，就得在军事上下功夫，造出一些和外国一样的船、炮，那样在与之斗争上，即使占不着便宜也吃不着亏。

当时李鸿章在镇压太平天国中立了功，再加上上面有老师曾国藩的提点，因此自己的“兴国之策”便有处可施了。

次年，身为闽浙总督的左宗棠，亦在福建马尾设立了福州船政局，以造轮船为主。随后，一些制造局、制作所等机构，如雨后春笋般地林立在了中华大地之上。

盛宣怀生长在这种环境下，也必然受到洋务运动的影响，这在他日后兴办各种近代实业中得到了体现。

二、砥柱中流，用西学开启实业

1. 青年时期的实践

咸丰八年（1858），盛宣怀跟随祖父母辗转半年到达了湖北，在父亲的官邸一住就是5年。这5年是影响盛宣怀一生，奠定其思想和社会实践基础的5年。

首先是父亲的言传身教。父亲盛康受常州学风的影响，也十分注重“经世致用”，后来还编有《皇朝经世文续编》一书。

目睹父亲的作为，盛宣怀也很注重解决社会实际问题。在同治二年（1863）的时候，盛康的职位发生了变动，由原来的粮道改任为盐法道。以前是总管粮食的，现在改管盐了。在当时的清朝来讲，粮食、盐这些日常民生物资都是十分重要的，稍有差池，乌纱帽没了不说，搞不好脑袋都得掉。

盛康上任不长时间，湖北两个东西相邻的省份——安徽和四川的盐商发生了冲突。本来两地的盐商都在各自的地界做盐的买卖，但随着买卖越做越大，双方把各自的手伸向了四面八方合适的省、市，扩大着生意地盘。

恰巧，两个地方的盐商都看中了湖北，于是纷纷将买卖拉到湖北，争抢着地盘。在争抢的过程中，双方一言不合便大打出手，最后竟动起了真家伙，搞得湖北地界到处不安宁。

这样的情形盛康看在眼里，急在心里，他左思右想也想不出一个合适的解决办法，总不能动用兵力将两方面的盐商驱逐出去，那样做的后果不但会使湖北的官盐受到影响，自己可能还会受到报复。

在那样战乱的年代，人人自危，都不会因为一点事儿就与人发生争执，因为搞不好可能会出人命。但是盛康想，如果坐视不理的话，那么两家外来盐商的争执就会使湖北本地的盐商的经营得不到保障。这样一来，消息一传出去，人家说盛康做事不力，恐怕自己也难辞其咎。

遗憾的是盛康思前想后，也想不出对策来，整日愁眉不展，忧郁满面。盛宣怀身为家中的长子，自己已经成家立室了，他看到父亲整日茶饭不思，便询问父亲有什么烦恼。在古代来说，一个人在没有长成大人之前，在家中几乎没有什么发言权，什么事都得听一家之主的。盛康便是一家之主，他见儿子平日也算读书用功，又如此细心，而且已经成家了，便将自己的难事儿告诉了盛宣怀，其实他也只是诉诉苦，并没有希望盛宣怀能帮他出谋划策。

不过，盛宣怀可不同于普通的同龄人，他把父亲的难题放在了心上，回到自己的房间后，便琢磨起这件事儿。他想，湖北正好坐落在四川和安徽之间，两家盐商既然都想在湖北的范围内做盐的买卖，那么就得遵守一定的规范。于是，他就写了一篇关于解决这件事的文章，给父亲盛康出了对策。

既然是两家盐商都在湖北做买卖，那么就在湖北设定一定的“限制”。也就是说，湖北的盐买卖，要湖北说了算。湖北作为东家，向四川和安徽进货，四川的进价低，那么湖北就进四川的货；安徽的进价低，湖北就进安徽的货，这样一来，湖北便掌握了其中的自主权。这也就变相地使四川和湖北“罢手言和”，将价格统一了。随后，盛康按照儿子盛宣怀的办法，将两边的盐商都聚到了一起，把盛宣怀的方法一说，两边的盐商本来是互相排挤的，因此互相压价，最后谁都没得到便宜，如今湖北地界总管盐的官这么一说，两家盐商都表示同意，而且也达成了合适而统一的盐价。就这样，两家抢夺盐市场的争斗结束了。

盛宣怀的办法拿到现在来说，并不算是高明，但在当时来讲，已经是处理这件事情十分有见地的方式了。通过这件事，盛康对自己的儿子又有了一个全新的评价。随后，他也不再一味地要求盛宣怀读书了，因为他清楚地知道，书本上是绝对学不到这种办法的，因此他鼓励盛宣怀多接受先进思想，并且从多方面增长自己的阅历和见识。

盛宣怀之所以致力于“有用之学”，比较注重实际问题的研究，固然同其父亲“经世致用”观点相连，更与他当时在湖北所处的特殊环境有关。

湖北地处华中，由武昌、汉口、汉阳组成的武汉市，鼎立在辽阔的江汉平原，它是长江中游的政治、经济和文化中心，控扼祖国东西、南北的交通枢纽，素有“九省通衢”之称，也是有着重要军事意义的兵家必争之地。从当时的军事形势看，湖北正当太平天国都城天京的上游，是太平天国和清政府的必争之地。双方经过反复较量，太平军未能达到目的，而湘军占有了此地。经营好湖北，是曾国藩的战略重点：“平吴之策，必先保鄂”（《清史稿·胡林翼传》）；“保鄂必先固汉阳”。所以清政府委派同太平军角逐多年并与曾国藩齐名、号称“综核名实，干济冠时”（《清史稿·胡林翼传》）的胡林翼任湖北巡抚。

胡林翼在“抚鄂”期间，大搞保甲团练。保甲是一种遍及城乡的社会基层组织，每保每甲有所属地域、户籍、人口、门牌。十户成甲，百户为保，甲有什长，保有保正。在建保甲的同时，又办团练（地主武装）。团练设正、副团总，由当地豪绅充任，下设团佑、什长、团勇。建立团练既可对付太平军，又可弹压本地“劣民”。当时湖北各州县普遍办起团练。武汉四周的州县，武昌、孝感、黄冈都先后办起团练。胡林翼又提倡修筑碉堡，“选官绅于旁界山径，令择险隘，建立碉卡，以为一劳永逸”。在胡林翼的督导下，黄冈、武昌、襄阳、宜昌、荆州等地到处碉堡林立。就这样，胡林翼以团练“御外侮”，以保甲“除内患”，顽固地对抗太平天国和“围剿”太平军。后来，胡林翼在湖北各地设立厘金局，抽取厘金。在省城武昌设有盐茶牙厘总局，各州县要道也设立局卡。后在全省共设局卡 480 处。当时胡林翼军队庞大，军饷短绌，每月军饷需 20 余万两，主要以厘金作为费用来源。

胡林翼死后，清政府又派胡林翼推荐的“效胡林翼”所为的严树森继任巡抚。严树森继任后，在军事、政治诸方面，对于如何战胜太平军和在湖北境内消除革命势力，采取了一系列有效措施。

盛宣怀时当青年，血气方刚，处在湖北这样的特殊环境中，凭着他父亲同胡林翼、严树森等官员多方面的关系，接触到许多人和事，接触到社会上的很多问题。湖北“军务吏治，严明整饬，冠于各行省州”（《盛宣怀日记》），这给予比较注意社会实际问题研究的盛宣怀很多启示：首先，加强军事力量，镇压太平天国是当务之急。出于阶级本能，盛宣怀是仇恨太平天国的，因为他认为他和他的家族颠沛流离，就是太平军造成的。为了打败太平军，必须建立一支训练有素、装备精良的新式军队。胡林翼就曾组建楚军，曾国藩还曾创建湘军。这些地方上的野战军，比在与太平军作战中失去战斗力的“八旗兵”“绿营兵”要优秀。其次，军队必须有充足的饷源。为此，开源节流等理财之法就应提到很重要的地位。盛宣怀之父盛康被严树森在咸丰十一年（1861）改派为湖北盐法道，这是军队的重要财源之一。最后，要建立健全保甲制度和办理团练，以达到清除“匪患”和“御外侮”之目的。以上这些启示，固然给盛宣怀以影响，但那时正兴起以学习西方先进科学技术为主要内容的洋务运动，变落后为先进的洋务思潮已推向内地，对盛宣怀也起着作用。盛宣怀在湖北特殊的环境中“既事事研求，益以耳濡目染，遂慨然以匡时济世自期，生平事功，基于此矣”（《愚斋存稿》）。就是说，通过这段观察研求，已初步奠定了后来经世致用、洋务吏治等方面的思想和实践的基础。

2. 西方科学的浸染

盛宣怀具有从客观情况出发，研究和解决实际问题的思想素养，对中国社会需要什么革除什么，由朦胧的自发想法逐渐达到比较自觉的意识。有这样一种思想素养的人，是不会对科举时文有多大兴趣的，因而沿着传统的仕途登晋也就不大可能。

虽然盛康对盛宣怀的学业不再强逼，但盛宣怀还是得把心思放在考功名上，他的祖父盛隆希望孙子能够走上“学而优则仕”的道路，而且他认为，读书人只有考取了功名，才算得上真正的光宗耀祖。

同治五年（1866），太平天国运动已经日渐衰落，盛宣怀的老家常州也恢复了正常。于是，盛宣怀在祖父盛隆的监督下，首先回到常州进行童子试。只有在县里面举行的考试中合格后，才能参加朝廷相关官员组织的府试，随后还有院试等。

很幸运，盛宣怀在他 22 岁这年考中了秀才，接着他的祖父盛隆便积极地鼓励他，让他第二年去参加乡试。

在参加乡试之前，盛康接到了时任两江总督李鸿章的指令，办一些重要的公事，而在这其中，盛宣怀一直帮着父亲料理这些事，于是没有多少时间去读书了。这样一来，他对乡试便多少有了一些抵触，不过盛隆对他寄予厚望，再加上盛宣怀考童子试的时候，盛隆因为年事已高，已经透出一些病状。为了能让老人家生前安心些，盛宣怀还是硬着头皮去参加考试。说是硬着头皮，其实一点也不夸张，盛宣怀在帮助父亲办理公事之余，余下的时间还是都用在了关心当下的时局上，因此并没有用很多的时间来读书。

晚清名臣——李鸿章

当时参加考试的人多住在考点附近的客栈，店老板为了招揽生意，会将考生的住店钱稍微调低，因此一个个客栈里所住的，大部分都是考生。

等乡试还有几天才开考的时候，盛宣怀便在仆人的陪同下，提前来到客栈里住下。在这个客栈里，他遇到了日后在一些事情上对自己很有帮助的人——马建忠。

马建忠（1846—1900），字眉叔，江苏镇江府丹徒县人，时年22岁，也是来参加这次乡试的，就住在盛宣怀隔壁的一间小耳房中。

马建忠和盛宣怀两个人一见如故，说起话来十分投机，开怀畅谈至深夜。从眼前的科举考试到国家洋务大事，无所不谈，双方均有相见恨晚之感。后来两人在洋务领域合作多年，盛宣怀在官场、商场得意，马建忠则在学术上颇有建树，从海外留学归来后，精通英、法、希腊、拉丁文字，是晚清著名的语言学家，《马氏文通》的著者，曾教过梁启超拉丁文。《马氏文通》是我国第一部用现代语言学理论研究中国语法的著作，在我国语言学史上具有划时代的意义。马建忠的大哥马建常就是后来复旦大学的创办人、著名的“相伯老人”（参见姜正成主编：《中华商圣系列：实业之父盛宣怀》，中国财富出版社2015年版）。

畅谈尽兴之后，两人互相鼓励，以期乡试考出好成绩。可惜考试发榜时，两人均落第。出身官宦世家、向以“学而优则仕”为最高理想的盛宣怀，不免有些沮丧，更为难的是回家又要面对祖父失望的眼神和乡邻亲友的询问，所以一直闷闷不乐。看盛宣怀情绪欠佳，马建忠劝慰道：“不要扫兴，胜败乃兵家常事，结果难预料。反正考完了，何不随我到上海开开眼界。自开埠通商后，上海有了很大的变化，洋人纷纷在那里建码头、设工厂、架电线、开银行，看过之后你或许会有全然不同的感悟。其实人生除科举及第的为官之路外，还有当前社会变化的大好时机，我们何不效仿容闳走西洋留学之途呢？将来西洋留学生肯定会比举人、进士老爷更受朝廷器重的。”

听了马建忠一席话，盛宣怀欣然答应了，于是两人自南京取道镇江，然后乘火轮到了上海。走到镇江时，停留了一天，马建忠陪盛宣怀游览了各处名胜古迹，指着南运河入长江的水面，遗憾地说道：“元、明定都北方以来，南方漕米皆由苏南、浙江经镇江过江去扬州，那时这个运河口是漕船云集，绵延不断，景象甚为壮观，镇江市面也因此繁盛。可惜自本朝嘉庆以来，北运河渐淤，舟行不便，北段京师来客，多乘车由陆路至淮阴清江浦，再换船南下。另外漕船体积大，更难航行，所以自道光末年开始，大批漕米只得改由平底沙船走海路到天津再转运，镇江世面就这样冷清了下来。”

盛宣怀不免叹声道：“漕米由帆船走海路北上，风险怕是不小，大概也是不得已而为之。”“据说每年因沉船损失的漕米和丧身海中的船户不在少数，确实风险很大。”就这样闲聊着，一路的见闻渐渐冲淡了落第的不快，次日两人便前往上海。到了上海，马建忠做主为盛宣怀主仆找了一间干净宽敞的住处歇下，自己则到大哥马相伯处，每日过来客栈这边陪盛宣怀游览上海各新奇之处。南京路和外滩是必须要去的，南京路位于公共租界内，开埠之初，它原是洋人傍晚散步遛马的一条小径，随着来上海洋人的增多，英国人不断扩充租界的范围，南京路开始成为上海最繁华的中心地段。路两边尽是古色古香的两层建筑，华洋百货、土特产品应有尽有，令人眼花缭乱，商家更是使出各种招数招徕顾客。

从南京路到外滩，一路上见到的多是黄头发、蓝眼睛、高鼻梁的洋人，盛宣怀感到很新鲜。外滩原是一片芦苇丛生的沼泽地，现在则建起来各式各样的西式洋房，中国江海关，英国领事馆，“沙逊”“怡和”“旗昌”等大洋行，英国的麦加利银行等都设在此处，大家出行或乘小轿，或坐独轮车，人来人往，热闹非凡。“真不愧是十里洋场！”盛宣怀惊叹道。

马建忠道：“这里是洋人的世界，有外国领事，有银行洋行大班，都是租界上掌握实权的人，中国人在这里只有做生意纳税的份儿，根本说不上话，洋人每年在这里赚的白花花的银两不可计数，不知何时才能有中国人自己的银行、大型商行去和洋人平等地竞争。识时务者为俊杰，在这样的西洋大潮中，正是我们施展拳脚的时候。我现在正在跟从哥哥学习西文，因无法筹到留学费用，希望将来朝廷招考公费留学生时能有机会出国学习，学得更多西洋知识。”马建忠标新立异的人生理想给盛宣怀留下了深刻的印象，他们又就如何顺应潮流以在芸芸众生中立德、立言、立功而不朽于后世做了一番探讨。

在上海的切身感受使盛宣怀认识到，抛却封建闭塞的科举入仕之路，人生还有其他种种非凡的立功机缘，他渐渐地接受马建忠西学思想的影响。这次的巧遇和上海之行使盛宣怀与马建忠成了莫逆之交，马建忠渊博的西学知识和独具一格的人生设计深深地影响了他，而以后西学知识日渐丰厚的马建忠能得到李鸿章的赏识并被委以重任又和盛宣怀的举荐是分不开的，两人后来都成为洋务场上的重要人物。

在准备科举考试的几年里，盛宣怀的生活中有几件事值得提及。

同治元年（1862），父亲为他操办婚事。次年，19岁的他已经有了一个儿子，成为人父了。同治五年（1866），盛宣怀又有了次子。同治六年（1867），祖父母接连去世。同治七年（1868），母亲跟着去世，父亲在两年不到的时间内连续丧失3位至亲，盛宣怀也因为失去了疼爱他的祖父母与母亲而十分悲痛，然而为了安慰“哀瘁若不自胜”的父亲，他“遂茹悲制痛”，可是自己避开父亲也是“每恸几绝，枕裀间泪渍常斑斑”。由于连续失去父母，盛康奉讳回家守丧，盛宣怀也跟随父亲返回常州家乡生活。

待到盛康料理完父亲的丧事，辞去湖北盐法道的职位，在家里居住守丧，一意行悌宗睦族之事，设义庄，增祭田，建义学，修宗谱，盛宣怀也都一一参与规划。在祖父去世的那年七月，盛宣怀的第三个儿子同颐出生。

虽然是生活在几代官宦之家，但由于时势的变迁，疼爱自己的几位至亲的去世，使盛宣怀青年时代的生活既是优越的，也是忧患的。当他意识到科举并非成就事业的唯一选择时，他便开始去尝试探索新的道路。

3. 轮船招商局带来的人生转折

盛康自家居以后，专意于为宗族“设义庄，增祭田，建义学，修宗谱”（《盛宣怀日记》）等事，盛宣怀在读诗书之余，也参与父亲的事情。家居的两年，盛宣怀也像传统的官宦子弟一样，虽然已经娶妻生子，然而并无职业，仍守着父亲的家当过活，直到同治九年（1870）中，父亲的朋友、已在李鸿章幕府的江苏无锡人杨宗濂来函召其入李鸿章幕府，才改变了盛宣怀的这种生活。或许注重实际的父亲早就委托朋友替儿子找事做。

此时的李鸿章正以湖广总督受命赴陕西镇压农民起义，“帷幄需才”，盛宣怀入李鸿章幕府，“派委行营内文案兼充营务处会办”，随侍李鸿章左右。当时正值“盛夏炎暑”，军营中的盛宣怀常“日驰骑数十百里”。作为文案，他草拟文稿“顷刻千言”，同事对他的才能“皆敛手推服”。不久，天津教案事起，西方列强群相威胁中国，作为防备对策，清政府调李鸿章的淮军由陕西进驻直隶京畿。一路上，“涉函关，登太行，尽揽山川扼塞形胜”（宋路霞著：《盛宣怀家族》，上海科学技术文献出版社 2009 年版），除日侍李鸿章左右之外，盛宣怀还得机会与李鸿章手下的名将郭松林、周盛传等“讨论兵谋”。这些经历使盛宣怀“历练日深，声誉亦日起”（参见钱志新著：《百年苏商》，江苏人民出版社 2013 年版）。本来，与盛康早就“雅故”的李鸿章，当盛宣怀初入幕府就“一见器赏”，在盛宣怀初露锋芒之后，李鸿章就奏调他会办陕甘后路粮台、淮军后路营务处。在入幕之前，盛宣怀已通过纳资获得主事、直隶州知州的官衔，现在入幕一年，他的官衔再升至知府、道员，并获得赏花翎二品顶戴的荣誉。从此时起，直到李鸿章由于主持甲午战争失败以及签订《马关条约》被清政府作为替罪羊而在朝廷失势的 25 年间，盛宣怀始终受到李鸿章的扶掖。自然，这种扶掖是以盛宣怀的才能为基础的，反过来，这种扶掖又给予了盛宣怀展示才能的机会。

同治十年（1871），天津大水灾，家居的盛康捐了许多的棉衣和大米，并命盛宣怀赴淮南淮北劝募，集资购粮，再由上海送到天津发放给灾民。这是盛宣怀第一次办理赈务，以后终盛宣怀的一生，他几乎参与了中国各地所有的灾后赈济，《清史稿》说他“自咸丰季叶畿辅被水菑，嗣是而晋边，而淮、徐、海，而浙，而鄂，而江、皖，皆起募款，筹赈抚”。

李鸿章对盛宣怀的最得力的扶掖，并使他的一生发生了根本性的改变的是于同治十二年（1873）札委盛宣怀为轮船招商局的会办，兼管招商局的运漕揽载事务，使盛宣怀走上开办中国近代第一批重要实业的主要主持人的生涯。

中国政府办轮船航运业，有一个特殊的背景。

第二次鸦片战争中，英、法、美等列强强迫清政府签订了《天津条约》《北京条约》，继五口开放之后，清政府又将琼州、潮州、牛庄、天津及长江沿岸的城市汉口、九江、镇江、南京等辟为通商口岸，并允许这些国家的商船出入长江各通商口岸。这样，长江以及长江中、下游重要的城市向西方列强开放了。长江中、下游地区是封建时代后期中国物产最富饶的地区，也是中国商品经济最活跃发达的地区，长江及长江中、下游重要城市的开放，意味着整个长江都向列强开放，列强可以凭借长江航运，将长江沿岸丰富的物产运到沿海通商口岸出口，牟取高额利润。因此第二次鸦片战争之后，即19世纪60年代初，西方列强竞相在沿海通商口岸开办了轮船运输业务，尤其是在长江入海口的上海，同治元年（1862）至光绪九年（1883），就有20家洋行开办轮船运输，有许多家洋行都在酝酿成立专业的轮运公司。和中国过去的帆船相比，外国的蒸汽轮船既快速又安全，对于那些急于想把在长江中、下游地区收购来的物品运到通商口岸出售的中外商人来说，轮船运输是他们首选的交通工具，经营轮船航运业当然就能获取高额利润。据中国当时著名的买办徐润说，他所在的英商宝顺洋行以便宜的价格在香港买了一艘旧船“总督”号，经修理后由上海到汉口，再由汉口回上海，往返运输一次，所得的运输费就赚回了该船的成本。当时的费用由上海至汉口，每位乘客票价为银75两，每吨货价为银25两，单是货价，船主每吨就可获利润银15两。再由上海至香港，每张票价为银90两，由上海至天津，票价为银70两。上海的美国旗昌洋行估算，根据香港到广州的航运的经验，由上海到汉口的航运，经营一年的纯利可获342000美元。丰厚的轮船航运业的利润，不仅刺激了外商对它的投资，还刺激了中国商人对它的投资，但是，由于中国商人的投资得不到清政府的保护，而外商的投资却得到不平等条约的保护，中国商人往往将资金投向外商轮运公司，如19世纪60年代在上海最享盛

19 世纪的外国蒸汽轮船

名的美商旗昌轮船公司，中国商人是最大的股东，他们的投资估计占资本总额的一半以上。

丰厚的轮船航运业的利润也刺激了中国政府官员及社会有识之士，引起了他们对轮运业的关注。不过他们的关注比起外商和华商单纯由于利润的刺激而引起的关注来说要复杂得多。首先，从政治利益考虑，外商能在中国沿海和长江开办轮运业，是根据不平等条约的条款，受到不平等条约的保护，对中国来说是一种耻辱。另外，他们认为根据国际公法，属于内河的长江轮船航运的专利应只属中国人自己，如果中国政府实在是由于国力太弱而不能依赖国际公法抵制列强的侵权，那么，中国政府也应开办自己的轮船航运业，与外商分享长江航运的利权。曾国藩、李鸿章、丁日昌等政府官员，容闳、郑观应、王韬、薛福成等社会有识之士都持这种看法。其次，从洋务运动本身的发展需要来考虑，即从经济利益方面来考虑，19 世纪 60 年代初在上海的李鸿章就亲自了解了西方轮运业在中国获取了高额利润的事实，因此他说，中国“欲自强，必先裕饷；欲濬饷源，莫如振兴商务”（李鸿章：《论海防筹饷》《李文忠公全书》译署函稿卷 3）。希望通过发展工商业来为洋务运动筹措经费，举办能够获取高额利润的轮运业自然是李鸿章等洋务官员考虑之事。先是同治七年（1868），两江总督曾国藩、江苏巡抚丁日昌采纳道员许道身、同知容闳的建议，劝谕华商制造轮船、分运漕米，兼揽客货，但由于提建议者和采纳建议者均未有坚强的决心及深刻清醒的认识，此事未果。但是中国自办轮运业之事却被关注社会变化发展、讲求实际的年轻人盛宣怀所认定，他以为轮运“大利不可不兴”。盛宣怀自觉地对中国轮运业的关注，导致了他以后终其一生都与中国第一家近代轮运业——中国轮船招商局的命运连在一起（参见姜正成著：《实业之父：盛宣怀》，中国财富出版社 2015 年版）。

自同治六年（1867）后在常州生活的盛宣怀，自然能感受到常州附近的通商口岸南京、镇江，尤其是上海发生的变化，又自他入李鸿章幕府担任会办陕甘后路粮台和淮军后路营务处工作以来，得职务之便常往来于津、沪等地，采办军需物品。这种津、沪之地的往来，又使他目睹了津、沪，尤其是上海在西方资本主义刺激下不断出现的新生事物以及巨大的变化，使得从小就“好深湛之思”的他去思考一些问题。这样，当一有中国自办轮运业之议起，他便有了比较成熟的考虑，而“每欲有所陈说”。此事大约传到李鸿章那里，或许李鸿章已经与他共同讨论过此事，终于同治十一年（1872）三月，他“遵奉李傅相面谕，拟上轮船章程”。在章程的序言中，他表达自己对中国自办轮运业的看法说：“伏思火轮船自入中国以来，天下商民称便，以是知火轮船为中国必不能废之物。与其听中国之利权全让外人，不如藩篱自固。……今人于古人尚不甘相让，何夷狄之智足多哉！”【盛宣怀拟《上李傅相轮船章程·序言》，同治十一年（1872）】只几句话，就把轮船航运业必然要发展和与洋商争利的思想主张表述得十分清楚。

如何办好中国自己的轮运业？盛宣怀又提出了自己的看法：“中国官商久不联络，在官莫顾商情，在商莫筹国计。夫筹国计必先顾商情。倘不能自立，一蹶不可复振。试办之初，必先为商人设身处地，知其实有把握，不致废弛半途，办通之后，则兵艘商船并造，采商之租，偿兵之费。息息相通，生生不已。务使利不外散，兵可自强。”【盛宣怀拟《上李傅相轮船章程·序言》，同治十一年（1872）】中国自办轮运业既然是为了从洋商手中收回利权，就必须使其经营成功，就必须改变过去那种官商互不联络、互相隔阂、互不照顾的情况。国家是倡导者，而商人是具体的经办人，国家必须首先照顾到商人的利益，商人才有信心办好轮运业。轮运业办得成功，国家就会收取到可观的税收，这个税收也就成为国家自强之费的来源。总而言之，盛宣怀认为，中国自办轮运业的关键在于国家看重商人的利益。在“筹国计必先顾商情”的原则指导下，他拟订了《轮船章程》六条。

第一条委任宜专。政府应选派有道、府头衔的“公正精明、殷实可靠”者组织成立轮船招商局，使之“创成规矩，联络官商，而后官有责成，商亦有凭借”。

第二条商本宜充。一旦轮船招商局利用政府租给的轮船正式运作起来之后，就应由总办刊发章程。该章程规定集商股银50万两，并仿照外商洋行“以一百两为一股，给票一张，认票不认人”“以收银日为始，按年一分支息，一年一小结，总账公阅，三年一大结，盈余公派”。

第三条公司宜立。轮船招商局需在上海设立总局，而在天津、烟台、台湾、香港、宁波、汉口、镇江等通商口岸设立分局。凡招商局中职员，“不准私做贩运”“官场来往搭客搭货亦照例收取水脚”。

第四条轮船宜先后分领。政府在轮船招商局开办之初，准备租给招商局使用的上海江南制造总局及福建船政局所造之轮船，应由政府派员“查某船能装货若干吨，每百里须用煤若干数，装足须吃水若干尺，逐号开单”“饬招商局自行酌量择用”，至于福建船政局正在建造的两艘轮船，应按照招商局的要求“速为改装，并限定领船先后日期，俾招商局得以因时措置择地而行”。

第五条租价宜酬定。轮船招商局“试办之初，诸事创立，本重利轻。未知商人装货能否相信，洋行争利之心最重，势必大减水脚。……而试办实无把握，必难起色”。为了让招商局初办即获成功，政府租给招商局使用的轮船应“照船之大小，分别议缴租价试办三年”。

第六条海运宜分与装运。为了增强轮船招商局与洋商轮运的竞争实力，政府应“准每年分拨江浙漕米40 万石交招商局”装运，其水脚耗米等，仍按照民间运漕的沙宁船核算,因为招商局“必须借海运漕米一层，佥议皆同，如不准行，恐商人无立足之地”【盛宣怀拟《轮船章程》，同治十一年（1872）冬】。

从《轮船章程》的全部内容来看，盛宣怀不像个未涉商场的小官员，而像个经营轮运业有年而经验丰富的商人，他将正要举办的轮运业的组织、管理、经费、轮船、面临的洋商轮运业的竞争、政府扶持招商局的对策等方方面面的问题均考虑得十分周到。其中有一重要之点值得特别注意，就是章程中盛宣怀坚持企业的盈利原则，官场不得侵蚀商人的利益，即“官场来往搭客搭货亦照例收取水脚”（参见宋路霞著：《盛宣怀家族》，上海科学技术文献出版社 2009 年版），严格地说，这是资本主义的经营原则之一。很可惜，盛宣怀所拟订的这个非常漂亮而又比较符合实际的《轮船章程》没有被创办之初的中国轮运业采用，因为盛宣怀坚持“集商本”“顾商情”的办理轮运业的原则，不被由政府指派来筹办轮运业的旧式商人、浙江海运委员朱其昂认同。朱其昂的意见在“领官项”、设官局，即官本官办轮船航运，但是在朱其昂、朱其诏兄弟二人领官款钱 20 万串在沪兴办起“轮船招商公局”几个月之后，公局发展陷于停滞的状态，因为公局的任务主要是运漕粮，没有进入市场与洋商轮运业竞争取利，而且 20 万串官款使公局经费太少，无法扩展业务而缺乏竞争力。于是李鸿章开始重视盛宣怀拟订的主张集商本、顾商情的《轮船章程》，并予以采用，由招商公局改名为“轮船招商局”。

同治十一年（1872）六月，时任直隶总督兼北洋通商大臣的李鸿章，札委原任上海怡和洋行买办的唐廷枢为轮船招商局总办，并由唐廷枢重订轮船招商局章程，广招商股。李鸿章札委唐廷枢为轮船招商局总办之举当然是采纳了盛宣怀所拟《轮船章程》第一条的意见：请“遴选公正精明、殷实可靠道、府两员奏派主持其事”（参见汪衍振著：《大清皇商盛宣怀》，华中科技大学出版社 2014 年版）。唐廷枢在这之前已经纳资为同知，并在中外商人中享有盛名，是集商资商办轮运的理想人物。由此看来，或许盛宣怀在前一年为李鸿章拟《轮船章程》第一条时，所指“公正精明、殷实可靠”者就考虑了唐廷枢。据说，唐廷枢之入轮船招商局就是得自盛宣怀向李鸿章的推荐。当时的洋行买办，一直被政府视为异己力量而加以防范，但盛宣怀能不顾已有的社会成见，从追求实际的效果出发，大胆向李鸿章推荐做了十几年洋行买办的唐廷枢，可谓有胆有识。唐廷枢入主轮船招商局总办，而另一著名买办徐润任招商局会办，至此，洋行买办出身的商人开始成为洋务企业中一支重要的力量，从而改变了以往他们与政府之间互相不信任的关系。唐廷枢、徐润入主轮船招商局为商总办、会办，使招商局的面貌为之一变，因为唐廷枢、徐润二人已经在怡和洋行、宝顺洋行积累了经营轮运业的经验，唐廷枢重订了轮船招商局局规和章程，该局规和章程在商本商办招商局的意见方面与盛宣怀的主张是一致的。唐廷枢、徐润二人本身是资产者，在商场中有很高的声誉，因此

轮船招商局大楼

按照局规所规划的100万两股本先招50万两的规定，50万两的股本很快就招齐，轮船招商局在唐、徐二人的办理下，进入正常的营运和发展，它作为中国近代第一个资本主义民用企业载入史册。

轮船招商局从筹议到创办，从官款公局到商本商局，盛宣怀都参与其事，并提出了很好的主张和计划，因此，李鸿章在札委唐廷枢为招商局总办之时，也札委盛宣怀为招商局会办。在招商局当时所有的总、会办中，代表政府的会办朱其昂主管漕运事宜，代表商人的总办唐廷枢、会办徐润主管揽载、招股等轮运各务，而会办盛宣怀，李鸿章则让他兼管漕运和揽载事宜。从李鸿章给盛宣怀在招商局的分工来看，他在商局的身份变得很微妙，即既是代表官方——管漕运，又是代表商人——管揽载。从这件事也可看出李鸿章对盛宣怀的重视，他将身在官场却对商人、商界比较有成熟看法的盛宣怀安排在招商局作为联络官商、调和官商的重要人物。商局既管漕运又管揽载的工作，以及商局日益增多的资本主义经济性质，不断改变着盛宣怀，他虽仍为官，但资本主义实业家的气息开始在他身上愈来愈浓了。

就这样，盛宣怀——一个年轻的传统知识分子，没有再走祖父辈的读书仕进的道路，而走上了一条用他自己后来的话说是“创行之始，人皆视为畏途”（参见宋路霞著：《盛宣怀家族》，上海科学技术文献出版社2009年版）的路，用张謇的话说是“舍身喂虎”的异常艰辛的实业家的道路。这一年，盛宣怀28岁。

招商局成立之前，外商旗昌洋行、太古洋行两家经营的轮船公司在中国水域内的竞争就很激烈，外国资本家在两败俱伤的情况下，不得不坐下来谈判。同治十三年（1874），两家公司订立了“齐价合同”，订出统一的价格，对中国水域内的航运进行垄断。中国轮船招商局的成立，打破了外商轮运对中国水域的垄断。轮船招商局是在李鸿章等洋务官员“分洋商之利”的目标下创办的，它成立后势必受到政府的扶持，如漕运保证货运物资的充足，提供低息贷款保证经费的周转，政府的扶持加上唐廷枢、徐润等精明商人的管理，轮船招商局虽然也遇到了许多困难，发展艰难，但它还是充满生机地在中国水域内与外商进行激烈的竞争，力争从外商手中多争回利权。因此，从同治十二年（1873）招商局成立起，到光绪二年（1876）的3年中，招商局的运营使几家实力雄厚的外商公司几乎无利可图，英商怡和公司的面值100两的股票光绪二年（1876）只值56两，而该年竟无钱向股东发放股息，怡和的老板考虑是否需要出售公司的全部船队。而几家外商公司中成立最早、实力最雄厚的旗昌公司，光绪二年（1876）面值100两一股的股票也跌到70两，而股东的红利该年也只有7%，因此，旗昌公司新接任的老板打算设法将该公司转卖给中国人，并于光绪二年（1876）底经中人向招商局探询是否有购买之意。结果唐廷枢代表招商局于光绪二年十一月（1877年1月）与旗昌洋行正式签署购买合同，并订明在该年三月支付120万两后，即将船队和码头栈房等资产全部移交，其余100万两在以后5年内分期支付【参见（美）刘广京著：《经世思想与新兴企业》，台北联经出版社1990版】。

招商局买定旗昌公司的全部船队和资产，盛宣怀起了很大作用。据最早与"旗昌"接洽的徐润说，当时他得知"旗昌"有意要将船队出售给招商局的消息时，适唐廷枢在福州，盛宣怀在湖北武穴，因为时间紧促，徐润反复考虑之后，与“旗昌”讨价还价，最后初步决定招商局出资220万两银全部买下旗昌船队和资产。而当时的招商局只有11艘轮船在营运，全部资本额只有75万两，而要买下旗昌200多万两的船队和资产绝不是一件小事。政府的态度如何？资金如何筹措？这不是徐润能最终定夺的。因此徐润一面派人去福州请唐廷枢赶回上海，一面自己亲自去湖北武穴，找盛宣怀商议。据徐润自叙年谱记述，当时，盛宣怀对徐润的做法“赞许大有识见，乃同回南京，适唐景翁亦至，公同商酌。……约同上辕禀见。沈文肃公（两江总督沈葆桢）初以无款拒之，继经杏翁指筹各款约近百万，措辞得体，颇动宪听。然款项仍未足，须再筹商。次日，杏翁复……禀见，又指某处有二十万金可拨……沈文肃公乃一面出奏，一面拨款相助”（《徐愚斋自叙年谱》第20页）。盛同颐谈到父亲参与此事的情况记述说，盛宣怀事先征求李鸿章的意见，李鸿章以“费巨难筹”，使盛宣怀：“就商于江督沈文肃公（即两江总督兼南洋大臣沈葆桢）。府君（盛宣怀）驰赴金陵，沥陈此局关系国防大计，江海利源，苟囿于狭小，他日决不足与各国商轮竞，是归并旗昌，厚我势力，实为此局生死存亡之一大关键。言之累日不已，文肃鉴府君诚，知必集事，且深知此举为要图，慨允奏拨公款百万金，以济不足。”（盛宣怀后人著：《盛宣怀行述》）盛同颐所述与徐润所述大致相同，即主要是盛宣怀说服了两江总督沈葆桢，最后，沈葆桢同意由他的藩库中筹银50万两，再由他和李鸿章会同奏请朝廷由浙江拨银20万两，江西拨银20万两，湖北拨银10万两，共100万两贷给招商局，解决招商局购买旗昌船产的第一期付款。徐润说，按照购买合同，招商局如期交付了第一期付款后，“旗昌轮船十六号并长江各埠及上海、天津、宁波各处码头、栈房……归商局经管。而商局根基从此巩固，皆盛杏翁之力为多矣”（徐润：《自叙年谱》）。

晚清政治家——沈葆桢

从购买“旗昌”一事来看，作为官商间联络人的盛宣怀，的确是在政府和商人间起了沟通的作用，他主要还是站在招商局的立场上，说服政府筹款贷给招商局而使之买下了全部“旗昌”的船产。

招商局买下了全部“旗昌”船产，实力大大增强，使营运的轮船增加到29艘，规模较之以往有颇大的扩充，成为中国水域内当时最大的轮运企业。然而随之招商局的包袱也加重了，一是商局欠政府之款已增加到 190 万两；二是尚欠旗昌洋行未付款 100 万两；三是“太古”“怡和”更加剧了与商局的削价竞争。扩展后的招商局又面临了重重困难，为了尽早摆脱困境，商局于光绪三年（1877）冬与“怡和”“太古”签订了第一次“齐价合同”。同时，盛宣怀针对商局内部的问题向李鸿章提出了整顿商局意见 8 条，以利于与外商竞胜。这 8 条意见是：“官本应分别定息”“轮船应自行保险”“船旧应将保险利息摊折”“商股应推广招徕”“息项应尽数均摊”“员董应轮流驻局经理”“员董应酌量提给薪水”“总账应由驻局各员综核盖戳”（参见夏东元著：《盛宣怀传》，上海交通大学出版社 2007 年版）。这些意见因为符合招商局的实情，多为李鸿章所采纳。比如李鸿章奏准商局 5 年之内缓缴官款利息，并“加拨各省漕粮”给商局承运，以加强商局在市场上的竞争力。一年多之后，盛宣怀又针对中国海关总税务司英国人赫德向清政府所提“整顿招商局条陈”而向李鸿章提出自己的意见。赫德所提解决商局问题的最终办法在结束商局的运营，重组一个中外合资的新的股份公司，而将商局原有资产按三折作价转给新公司。盛宣怀反对这种做法，认为它只对中外合资的新公司有利，对外商资本有利，而对过去完全是华商资本的商局有损，而最终是直接损害了华商的利益。他提出对商局存在的具体问题作具体解决。

关于商局历年购买旧船多、价昂贵、耗煤多、时速慢、修理费用高等问题，他指出："今欲筹补救之法，莫如将本重而不能获利之船酌量减价陆续出售，将售得之款妥为存放生息，不准挪移。随时购买合式新船，即以三十余号之旧船换成十余号之新船，亦尚合算，盖修理省而费用少，目前虽似吃亏，久后终能获益。"（陈旭麓等主编：《盛宣怀档案资料》，上海人民出版社 2016 年版）

关于商局用人过滥、管理不善的问题，盛宣怀指出：首先是用洋人过多，"且授以重权，予以厚饩。各船既有船主、铁管，局中又用总船主、铁管二人。窃思局中既有此二人，便不必再有总办，既有总办，而又用此二人，不但无裨局务，且因此转多修理枝节"。他提出解决办法是对洋人进行甄别，将那些既无用又耗高薪的洋人"急宜及早斥退"，以符合商局开办之初就坚持的"戒洋人管事"的规定。其次在"局中司事，半属局员本家亲戚，虽其中非无有用之才，而始而滥竽，继而舞弊，终且专擅者亦不乏人"。他提出的解决办法是所有"局员之亲戚本家""无论若何出众，均宜引嫌辞去，倘有出局后与局为患者，某局员之亲戚本家，即惟某局员是问"。关于改进商局领导层管理不善的问题，盛宣怀提议“自本年六月为始，在局五人分年轮驻沪局坐办，一切悉归调度，仍以四人副之，和衷商榷，力破积习。坚忍不渝，功过亦五人与共。其应轮驻坐办之员，不准借端推诿，庶利弊可互相兴除，勤惰可互相规劝，盈亏亦可互相比较……杜诿卸之弊，而绝倾轧之端”。这个办法较好地解决了当时商局虽有总、会办共 5 人，而各人亦有其他事，致使商局常缺乏主管人员之弊（参见陈旭麓等主编 :《盛宣怀档案资料》，上海人民出版社 2016 年版）。

尽管盛宣怀自光绪元年（1875）开始分心于湖北武穴、广济等煤矿的查勘、开采，但他仍是密切关注商局的发展并参与商局的大事，因此他所提解决商局弊端的办法也就多为商局采纳，终于商局在唐廷枢、徐润等人的具体办理下，越来越有起色，到光绪七年（1881）终于完全偿清了“旗昌”的欠款，并从该年起，开始偿还政府的欠款。盛宣怀于光绪八年（1882）讲到商局的成绩时说，商局“欠款渐轻；而轮船三十号，皆已汰旧更新；码头十余处，亦复扩充添造；局本五百万者，今已折实三百余万矣。……嗣后该局年必获盈利五六十万，连提存保险可得百万，公款全还清，商股争相附入。不费国家一钱，而江海之间轮船三十号，以张国威；华人载货之资每年收百万不入洋人之手，以杜漏卮。论国计，则收回已失利权，而官帑仍无毫末之损；论商情，则成就公司之创局，而民股实操子母之赢”【盛宣怀亲笔修改底稿《轮船招商局办事始末》，光绪八年（1882）】。这段话表达了创业者历经艰辛之后的喜悦。不过，在这之前，盛宣怀已于光绪六年（1880）受王先谦等人弹劾商局营私舞弊案的影响，由李鸿章准其“不预局务”而暂时离开了商局。

关于王先谦等人弹劾案，其中集矢于盛宣怀的主要是说他在购买“旗昌”船产时“扣帑入己”和“侵渔中金”。这两件事很快就得到查明。购买“旗昌”船产的知情者唐廷枢为盛宣怀辩诬作证：“职道经手之事，固不便使盛遭受不白之冤。总之，盛道于收买旗昌一事，叙与职道等主其议，而领款付款，盛道皆未经手，其因公而未因私，不言可知。且其在局从未领过分文薪水；凡遇疑难事件，顾公商酌，无不踊跃，向为各商所钦服。今以清白之身，忽遭污蔑，亦不得不代声明”（参见夏东元著：《盛宣怀传》，上海交通大学出版社 2007 年版）。而李鸿章据政府派来查核此弹劾案的官员郑玉轩、刘芝田、李兴锐的报告，向清廷上奏折为盛宣怀辩白：“前派会办招商局，订明不经手银钱，不支领薪水，嗣以屡次代人受过，坚辞会办。臣严密考察，该道勤明干练，讲求吏治，熟习洋情，在直有年，于振务河工诸要端，无不认真筹办，洵属有用之才，未敢稍涉回护”（《复查盛宣怀片》）。但是，清白的盛宣怀还是为此暂时离开了招商局。不过，19 世纪 80 年代初实业界呼声很高的矿务业正在吸引着他，而发展实业迫切需要的电报电信业也在呼唤他，他也渴望在这些事业中大展身手。

4. 湖北煤铁开采与电报总局

盛宣怀是办实业的有心人，他在 19 世纪 60 年代初在父亲的湖北任所时，就注意到该省广济、大冶等地煤铁的蕴藏，并曾经到广济、武穴等地进行过考察，“乃知其地滨江”，交通比较方便，又考之地方志，“始知该山属官”，于是“怦怦于中将十年”。当李鸿章等洋务官员认识到矿业的兴办是中国自强运动发展的必须，“中土仿用洋法开采煤铁，实为近今急务”，于同治十三年（1874）密谕盛宣怀“中国地面多有产煤产铁之区，饬即密禀查复”（《招商局与湖北》）之时，敏锐的盛宣怀知道中国的矿业将兴起而大办，因此迅速将酝酿已久的湖北广济、武穴煤矿的开采付诸实践。光绪元年（1875）三月，他密札曾在台湾鸡笼查勘煤铁的张斯桂赴湖北勘查煤铁，并劝谕说：“此举关于富强大局，幸勿诿延。”（转录夏东元著：《盛宣怀传》，四川人民出版社 1988 年 4 月出版）在经过一段时间的调查研究之后，盛宣怀与当地的官员李明墀一道向李鸿章呈上《湖北开采煤铁总局试办开采章程六条》，其内容为：地势宜择要审定；开采宜逐渐扩充；用人宜各专责；官本宜核支用；售款宜缴还资本；官煤宜广开销路。实业要商本商办才能办好，这是盛宣怀一贯的主张和认识，可为什么湖北广济煤矿要官本官办呢？这是因为盛宣怀正在筹办湖北广济煤铁矿开采时，官场上有将湖北煤厂“归并招商局”之议，盛宣怀认为招商局要办好现在的业务都不那么容易，如果湖北煤厂再归招商局办理，煤厂就更难以获得成功。另外，招商局的大权握于商董唐廷枢、徐润手里，作为会办的盛宣怀难以插手，而办湖北煤厂对于盛宣怀来说可以大权独揽，独当一面。因此盛宣怀做出了非其本愿的煤厂“改归官办之一法”。这一年，李鸿章会同两江总督刘坤一、湖广总督李瀚章札委盛宣怀督办开采湖北煤铁矿务。为了选择最佳的煤源开采，使湖北煤厂一举成功，盛宣怀付出了辛勤的劳动，他一会儿到大冶，一会儿去广济勘探煤矿，当发现煤质欠佳后，复转向上游荆当地区探查优质矿源。他曾向李鸿章写信报告自己去荆当勘煤的行踪说：“（光绪三年）九月十七日自宜昌启程，二十日行抵荆州府属之沙市。职道即舍舟登陆，先赴当阳县属之观音寺，会同地方官查明产煤各山，并晓谕绅民……以免疑阻而生事端。部署既定，职道仍遄归沙市。于十月初七日亲率矿师乘舟，溯沙江，入漳河，水竭滩多，日行二三十里，至十三日始获行抵观音寺。逐日督率矿师郭师敦等履勘荆、当所属各矿……拟（于十九日）即率该矿师前赴大冶覆勘铁矿”【盛宣怀《禀李鸿章》，光绪三年（1877）十一月十日】。于此可见，盛宣怀为煤铁矿开采和冶炼事业付出辛劳的程度了！然而，他并未取得相应的成就。一误于聘用马立师这个水平低下的洋矿师，误将劣质煤当优质煤，以致徒耗经费；二误于官本官办不面向市场，以致亏损太大。后来虽然重聘合格的矿师，并将官本官办的湖北煤铁开采总局改为招商股商办的湖北荆门矿务局，但由于官办的失败，商股裹足不前，湖北煤铁开采归于失败。光绪七年（1881）底，李鸿章勒令裁撤。结果，盛宣怀为办理开采湖北煤铁共赔累银约15万两，后来张之洞办汉阳铁厂向盛宣怀征询意见时，他向张之洞提及开采湖北煤铁之事时仍耿耿于怀，说：“宣怀以此败家。”

晚清“四大名臣”之一——张之洞

在湖北开采煤铁虽然失败，盛宣怀为

此付出了高昂的代价，不过，他却从此次实践中积累了经验教训。他认为开矿聘得好的洋矿师比之筹集资本更重要，他说："开矿不难在筹资本，而难在得洋师，盖筹资本于目前，即可获子母于日后，又非同造船制器有耗而无来也；矿事之成败利钝，实以洋师之得人不得人而定，而其本领又不难在开矿，而在认矿也。认矿只须得一、二人，便可遍视各省产矿之地，夫以一、二人而可揣十余省之地利，亦不妨优给薪资，并当议明开成一矿给赏若干，使其专心为我所用。"（参见姜正成主编：《中华商圣系列：实业之父盛宣怀》，中国财富出版社 2015 年版）开办矿业聘好的洋矿师是关键，但又"实以开采为大利所在，未便使外人久与其事"。于是盛氏认为，近代矿业又必须由中国人自己独立自主地办。因此他在聘洋矿师之初即提议，一面在同文馆及闽、沪各制造局，选择略谙算学聪颖子弟一二十人，随同洋矿师实地学习，学习用科学方法分析矿石，并购买外国博物馆所藏土石化验以备参证；一面饬出洋留学生酌分一二十人在外国专学开矿本领，两三年后即可先行回国备用。

盛宣怀之所以在中国矿务开采上做筚路蓝缕之举，他自己曾作过这样的说明："各省现设船、炮等局及夫民间炊爨等用，需煤日多，与其购英美各国及日本之煤，利自外流，不若采中土自产之煤，利自我兴……现在台湾与湖北两处先后奏请筹款开采，意在平土煤成本以抑洋煤。”【盛宣怀、李明墀《上李鸿章书》，光绪二年（1876）十二月初九日】意思是说煤矿的开采，一方面是社会经济发展以及人民生活的需要；另一方面则是为抵制洋煤的侵入，即收回利权。这种考虑与主张中国自办轮运业的考虑是一致的。在这种考虑的基础上，盛宣怀没有因为办理开采湖北煤铁的失败就裹足不前，而是在紧接着到来的全国兴起的创办矿业的热潮中又满腔热情地投入了。此次他主要参与了山东登州铅矿、辽宁金州铁矿等金属矿的开采，并拟有《试办山东滨海各铅矿章程》等，成立了金州矿务局，他自己被李鸿章札委为金州矿务局督办，而商董郑观应为总办。金州矿务局的招集商股进展顺利，但又由于盛宣怀正忙于闽、浙电线分头开工事繁，而且奉李鸿章之命办理与英商大东电报公司电线侵权事，他未能对金州矿务始终躬亲其事。就在盛宣怀为矿务、电线之事辛劳奔忙之际，又受到了一次严重的弹劾，以致被清政府“科以降级调用处分”。此事的起因是金州矿务局商股到手，但矿务工作进展缓慢，难以短期投入生产，而同样由盛宣怀主持的闽、浙电线的敷设却由于商股未齐影响进度。此时正值中法战事发生，海疆吃紧，急需利用电线之际，情急之中盛宣怀“暂挪金州矿款十余万金以济急需”，并“均经详咨有案”，即事先已向政府有关人士打过招呼，因此，这次被弹劾事，得到曾保奏盛宣怀“才堪大用，奉旨以海关道、出使大臣交军机处存记”的左宗棠上疏，为盛宣怀力争。南北洋大臣随即派曾国荃复查此案，最后，曾国荃向政府报告，盛宣怀“挪矿股归入电股，皆据一再禀详，移缓就急，亦尚非有意含混。且苏、浙、闽、粤电线之成，皆得该道移矿就电之力，于军务裨益尤大”（曾国荃《查复盛宣怀处分疏》，《曾忠襄公奏疏》卷二十四）。曾国荃认为盛宣怀不仅无罪，而且有功，结果，政府对盛宣怀“宽免降调处分，改为降三级留任”。

会办轮船招商局盛宣怀插不上手，还遭了弹劾；办理矿务又是赔累，又是受处分。19 世纪 70 年代及 80 年代中期以前盛宣怀成熟的青年时期办得最接近理想、最有成效的是电报电讯业务。

中国提出自办电报电讯，始于同治九年（1870）福建船政大臣沈葆桢的主张。因为在那之前西方列强多次向清政府提出要在中国设线开办电报，沈葆桢说：“闻电线之设，洋人持议甚坚，如能禁使弗为，则多一事不如省一事；倘其势难中止，不如我自为之，予以辛工，责以教造，彼分其利，而我握其权，庶于海疆公事无所窒碍。若听其自作，则遇有机密事务，彼一、二日而达者，我十余日尚复茫然，将一切机宜为之束手矣。”（夏维奇著：《近代福州电报学堂探略》，《重庆邮电大学学报·社会科学版》2013年第06期）沈葆桢主要还是从列强入侵的现实政治、军事上来考虑。同治十三年（1874），日本侵占台湾，中国吃了信息不灵、调兵迟缓之亏，李鸿章认为架设电线、开通电报势在必行。而真正将架设电线、开通电报付诸实践的事宜，各国列强尤为积极，英、法、德、美各国公使请设立万国电报公司于沪，拟添由沪至粤各口海线，并由英商添设自沪至甬、瓯、闽、厦、汕海线，其势几难禁拒。盛宣怀请劝谕华商自设沿海各口陆线，以争先著，使列强感到无利可图，或者中止。且从此沿海各省与京外脉络贯通，实对洋务、海防有益，即商民转输贸易消息灵通，为利亦更广远。李鸿章遂与译署商量派盛宣怀到上海，次第开办。光绪六年（1880）秋，继架设津沽电线之后，李鸿章委派盛宣怀开始津沪电线的设立，盛宣怀在天津成立了中国电报总局，自任总办，并任郑观应为电报上海分局总办，不久，他拟定《开办自津至沪设立陆线电线大略章程二十条》，得到李鸿章批准。开始，津沪电报为官本官办，光绪七年（1881）冬，津沪陆线竣工，盛宣怀请改为官督商办，其理由为："中国兴造电线，固以传递军报为第一要务，而其本则尤在厚利商民，力图久计。"【盛宣怀拟《电报局招商章程》，光绪七年（1881）】电报根本是为商业的需要而设，因此商本商办，国家不加干预才是电报业发展的出路。然而在电报开办之初，老百姓尚存风水迷信思想而反对设立电杆电线，而商业未获大发展，商人投资电报不甚踊跃之时，国家应该在资金、政策方面予以扶持，以保护电报的初创和发展，如果政府不加以“认真照料保护，则恐费糜巨万，功堕半途，华商寒心，外人贻笑”【盛宣怀等《禀李鸿章稿》，光绪八年（1882）】。为办好电报局，盛宣怀亲拟《电报局招商章程》，后增为《详定大略章程二十条》上于李鸿章，其中就电报局已存的官股与商股的关系，国家的利益与商人的利益作了详实可行的说明，最后强调电报局内部的管理一律按商业原则，政府不得干预，并且提出除军机处、总理衙门、各省督抚衙门、各国出使大臣所寄洋务军务电信，区别对待地记账结总作为归还官款外，其他所有各省官府电信一律收取现金，并要先付钱后发电。其他关于电线材料免税、各局用人、洋员的使用和严格要求、巡警沿途保护电杆电线、电码的规格和使用法等，盛宣怀都作了周密的规定和安排。

自光绪七年（1881）中国电报总局改归官督商办，盛宣怀任督办后，在他的主持下，光绪八年（1882）接办了苏、浙、闽、粤等省陆线；光绪九年（1883）办了长江线；光绪十年（1884）至十一年（1885）因海防吃紧，设济南至烟台线，随后添至威海、刘公岛、金线顶等地方；光绪十三年（1887）因郑州黄河决口“筹办工赈事宜”，由山东济宁设线至开封；光绪十四年（1888）因广东官线已造至南雄州，乃设由江西九江至赣州以达庾岭，入南雄相接；光绪十五年（1889）因东三省边防需要，由奉天（今沈阳）接展吉林至珲春陆线；光绪十六年（1890）“因襄樊地方为入京数省通衢，楚北门户边境冲要”，乃由沙市设线起以达襄阳，光绪十九年（1893）又由襄阳设至老河口；光绪二十一年（1895）由西安起设电线与老河口相接，“使西北电线得有两线传递，庶无阻隔之虞”；光绪二十二年（1896）设线武昌至长沙，光绪二十四年（1898）又由长沙设至湘潭、醴陵、萍乡等地（夏东元著：《洋务运动史》华东师范大学出版社1996年版）。这是电线干线的敷设，另外，盛宣怀还主持设立了许多电报支线。

电报局与轮船招商局一样，在发展中同样遇到了与洋商英国大东公司、丹麦大北公司竞争之事，盛宣怀在李鸿章的支持下，坚持与大东、大北公司斗争，最后终于做到了中国收回大东、大北公司设在岸上的陆线以及大东、大北公司海线不准牵引上岸，并于光绪十三年（1887）与大东、大北公司签订了《华洋电报三公司会订合同条款》，即电报“齐价合同”，既收回了利权，又有利于中国电报事业的发展。

另外，为了中国电报事业能早日不借用洋人，早在光绪六年（1880）津沪电线架设时，盛宣怀就建议设立天津电报学堂，以培养电报业的人才，获得李鸿章的同意。天津电报学堂的开办，原定只有一年，后因津、沪、浙、粤和长江等线需用人才，天津电报学堂连续办了几年。为了提高学堂的地位，减少办学的阻力以及鼓励学生学习的积极性，原来以电报局名义开办的电报学堂，第二年盛宣怀即提议学堂应由政府的名义开办，由政府提供办学经费。他对李鸿章说："学生俟到局派事之后，薪水由本局开支，所有设立学堂经费系为国家造人才起见，应在军饷内开支，免在商本内归还。"【盛宣怀等《详定大略章程二十条》，光绪七年（1881）】李鸿章同意了盛宣怀的意见。这样，电报局节省了办学的投资，即减轻了商资的负担，有利于电报局的发展。

盛宣怀办理电报局可说是煞费了苦心，当然也得到了回报。光绪十一年（1885），李鸿章特为盛宣怀办理电报有成效向清政府为其请奖。在该请奖折片中，李鸿章盛赞了盛宣怀主持中国电报局的业绩："沿江沿海各省电线系派布政使衔直隶候补道盛宣怀总理其事，该道首赞成议，会商各省地方官次第筹办，事属创始，而规划精审，调度悉合机宜，用能妥速告成，远近无忧。复以经费有常，劝集华商巨款，将各省正线改归商办，俾公家久享其利，商人亦获什一之盈，实能裨益大局。

各国觊觎已久，英丹电报公司且于九龙及上海至吴淞安设陆线，方谓非常之举，中国未必果行，遂群起相争，多方挠阻，该道奉饬设法抵制，相机操纵，一面集资赶设沿海陆线，使彼狡谋废然中止，保我自主之权，尤于国体商情所关匪细。今线路绵亘万数千里，京外军谋要政瞬息可通，成效昭著，其功实未可泯。该员才具优长，心精力果，能任重大事件，足以干济时艰。”（宋路霞著 :《盛宣怀家族》，上海科学技术文献出版社 2009 年 8 月版）

三、独当一面，全面掌控洋务企业

1. 卷土重来　实现夙愿

光绪九年（1883）秋，世界性的资本主义经济危机波及上海，银根奇紧，出现了金融倒账风潮。这也波及了轮船局的运营，徐润、张鸿禄等局员的管理导致亏欠颇巨，局务混乱。这成了盛宣怀重返招商局并当上督办的重要契机。

因开办矿务局获利颇丰，唐廷枢就把主要精力放在开采煤矿上了，当时招商局事务实际由徐润主管。徐润错误地估计了经济形势，挪用轮船招商局向洋行借的巨额公款进行房地产投机，在上海共购土地3000多亩，造洋房50多所，

清末民初的大上海

原想以此大赚一笔钱财，谁知中法危机产生，法国兵船驶抵上海吴淞，搜查进出船只，并扬言要进攻上海。上海市里一时人心惶惶，市民们纷纷远迁逃避，徐润那50多所房子无人租居，更无人敢购买，投入的巨额资金无法收回，徐润面临着破产的命运。职工们因轮船局运转困难而人心浮动，大家议论纷纷，对徐润的猜闻一时满天飞。种种风言风语，传入李鸿章的耳中，他心中暗吃一惊，生怕这事属实，被朝中大臣抓住，当作打击自己的材料，决定尽快派人去调查。派谁去？李鸿章想起自己身边的一个心腹，一个他极为欣赏的人物——马建忠，可惜他因病在家中休养。想来想去，李鸿章觉得还是派盛宣怀去好，盛宣怀也是自己的心腹，况且，他对轮船招商局的情况较熟悉。

接到李鸿章派他去调查轮船局经济账的指令，盛宣怀自然高兴，心想只要徐润经济上有问题就无论如何也不放过他，以报往日怨恨。

盛宣怀重返招商局后，徐润说他“借端发难，个人具禀南北洋大臣，以该局本根不固，弊窦滋生，几难收拾”（孙慎钦、胡政著：《招商局文库·文献丛刊：招商局史稿》，社会科学文献出版社 2014 年版）。徐润说的这段话是有一定可信度的。因为盛宣怀有着“从前去差，皆雨之(徐润字雨之)去我”的观点，因此，查处徐润亏欠局款问题，有过分的行动也是很自然的，甚至“落井下石”，借官势以压徐，也是难免的。由此，把徐润搞成了“家业荡然，生机尽矣”（韩岫岚著：《中国企业史》，企业管理出版社 2002 年版）的苦况。徐润恳求盛宣怀“代为陈情，暂准宽展限期”。这当然不会得到盛宣怀的支持。徐润后来回顾当时盛宣怀对付他的情况，一则诋之为“口蜜腹剑”，再则斥之为“居心太苛”。徐润说他在十六铺有地数亩并盖造了房屋，盛宣怀“以强硬手段付还雨记银一万六千两算归商局，后经诸友力劝始多补银万两，共付还银二万六千两。该产实值四五万之多，此亦杏翁居心太苛，防我等重备船只在该处设立码头，与彼争霸，故为此杀一儆百之事。”（《清徐雨之先生润自叙年谱》）徐润共亏欠轮船招商局 16.2 万余两，他本想“将产契向亲友处力求抵借，设法张罗，以期照数清结”，在抵欠之余，“代为乞恩……免其置议”。结果是既未能等到徐润向亲友处抵借张罗“照数清结”，也未邀准“免其置议”，而是根据盛宣怀的查核，李鸿章上奏清廷，说徐润等“假公营私、驯至亏欠局款，实属瞻玩”（韩岫岚著 :《中国企业史》，企业管理出版社 2002 年版），给予革职的处分；在赔款上是用股票和房产等财物作抵的。这种抵款，徐润与盛宣怀各有一张账单。数字大体相同，但在抵款等看法上则相去甚远。盛宣怀对于徐润股票、房产抵赎问题，写下了一段后记：

> 查光绪十年原抵时房产照时价抵足，股票时价只值五十两左右，作一百两抵欠，嗣后股票价值涨至二百余两，仍照原抵百两赎去。房产于二十四年分价涨逾倍，亦照原价赎去。
>
> 本局吃亏甚巨，局中人至今憾之。

这就是说，徐润在股票上每股多占了 150 两，因为当时抵欠时，每股股价只有 50 两左右，而赎回时，股价已涨至 200 余两，这样，徐润在股票上净赚了 10 余万两；在房产上，永业里和源芳弄二处，原价共 3.7 万余两，以赎回时比抵押时涨价一倍计算，尚净赚近 4 万两。股票和房产相加，照盛宣怀的看法，徐润占了招商局至少 15 万两的便宜（参见《盛宣怀日记》）。

然而，照徐润的计算，不仅招商局占了他的便宜，而且盛宣怀也得到了大利。关于股票抵赎问题，徐润未提出多少异议，但在房产上却提出很多异议。首先，永业里、源芳弄房产，每年可收租银 2600 两有零，从光绪十年（1884）抵欠至光绪二十四年（1898）赎回，招商局得租银 3.7 万两左右，这就是他徐润吃亏的数目。其次，对盛宣怀买去的乍浦路房产，徐润也牢骚满腹地说，此房产到光绪二十三年（1897）被盛宣怀买去时，“已值加倍之价。杏翁对人曰：‘此地未赎，于雨记面上不雅，我为赎之，免得多挂一笔账。’遂照十年分抵数原值取去。既沾其利，复沾其名。但为势力所压，知者不敢言，不知者反以为待我之厚。口蜜腹剑，良有以夫！”这里盛宣怀说徐润占了招商局的便宜，以致“局中人至今憾之”，并且他盛宣怀还为了不让徐氏“面上不雅”而赎去乍浦路房产，也就是说帮了徐润的大忙；而徐润却说盛宣怀是“既沾其名，复沾其利”的“口蜜腹剑”的伪君子，是仗官势使“知者不敢言”的欺压商民者。这次较量的结果，是徐润在光绪十年（1884）被挤出招商局，而盛宣怀在光绪十一年（1885）攫取了多年谋而未得的轮船招商局督办的职位。究其原因，就是盛宣怀有官方的支持。徐润对此也深有感悟。他说：“润既挟孤直之行。素无奥密之援，致奉参革；兼以泰山压卵，谁敢异言，致润有屈莫伸。”（参见陈旭麓著：

《盛宣怀档案资料》，上海人民出版社 2016 年版）

那么，从这件事看，应如何评价盛宣怀？夏东元先生说："从大鱼吃小鱼的资本主义竞争规律说，无可非议；挟官势以达目的则越出自由竞争范围，应予以贬谪。"我看夏先生的评价是很原则的，也是很值得参考的。至于攫取督办职位应该怎样看，这不仅要看其夺取督办一职的手段，更要看他任督办后对招商局发展的作用（参见夏东元著：《盛宣怀传》，上海交通大学出版社 2007 年版）。

挤走徐润之后，盛宣怀与唐廷枢、张鸿禄的矛盾就凸显出来了，尤其是唐廷枢。当时唐廷枢的主要任务是在直隶经营开平煤矿，但仍兼任招商局总办，对盛宣怀仍然是个威胁。因盛宣怀常驻天津，驻局办事者为马建忠，唐廷枢的存在更为直接地威胁着马建忠，于是马建忠主动提出以追还欠款为借口挤唐出局，盛、马就很自然地合兵破唐了。在这个过程中，马建忠唯恐盛宣怀不积极，以两事相逼：一称只有追唐廷枢欠款，才能追其他人的欠款；二借拟用唐凤池逼盛宣怀去掉唐廷枢。唐凤池本为汉口招商分局总理，马建忠打算引其入总局，并告诉盛宣怀说："要'振刷'招商局，就必须用唐凤池这样的人才，要用他，就必须去掉唐廷枢，二者必居其一。"其实马建忠这一招正中盛宣怀的下怀，在两人意见一致的情况下，盛宣怀通过李鸿章,于光绪十一年（1885）春夏间将唐廷枢调离招商局，专营开平煤矿去了（参见汤黎著 :《钦商盛宣怀》，湖北长江出版集团崇文书局 2009 年版）。

唐廷枢离局之时，就是盛宣怀接任督办之日。光绪十一年六月二十一日（1885 年 8 月 1 日），盛宣怀因查办有功，顺利地获得了期盼多年的轮船招商局督办的位置。至于帮办张鸿禄，本身就没有多少能力，且已革职，盛宣怀用剿抚兼施的方法轻而易举地就制服了他。这样，徐润垮掉了，唐廷枢调离了，不能成为对手的张鸿禄、朱其诏也不会有所作为，一贯为盛宣怀所拉拢的谢家福当上了招商局会办，盛宣怀在招商局的地位得到了切实的巩固。

2. 从商办到“官督商办”

在查处徐润过程中，盛宣怀认为 : 要办好招商局，保证自己督办的绝对权威，“非商办不能谋其利，非官督不能防其弊”(《轮船章程》)。他根据这一原则对招商局进行组织整顿，提出用人、理财各 10 条规章，较过去有不少明显的变化。一方面，商办的权力被官督办所取代，商总办一席被取消了，后来虽设帮办，但不是总办的帮办,而是督办的帮手。此时盛宣怀为督办，马建忠、谢家福为会办，谢因病固辞，就添派了沈能虎。制订理财10条的目的在于全盘控制企业的经济活动，企业的业务经营和财务管理权力都集中于督办之手。这些都保证了督办对招商局的严密控制，完全抛弃了商办初期规定的由股东推选局董和“轮船归商理”的原则，进一步抹掉了招商局的商办色彩。官督商办的体制在经历了12年的酝酿期后，终于以一种完整的形式在招商局正式确立。

由商办变为“官督商办”，是前进还是后退？或是有进有退？要有较为明确的论证。这里不妨先引用谢家福在实行上述制度3年多之后在上给李鸿章的说帖中的一段话，对我们判明官督商办的是与非或许有些帮助。他写道：

> 大局枢纽务在认清官督商办确然两事，不可兼并，不可分歧。如以两事而浑一气，必致无所裁制，无所维系，驯至无所忌惮。此前局所以受病也。如以一事而公诸数人，必致始而和同，继而疑忌，驯至各存意见，或以一事而分属数人，必致畛域分明，精神散漫，驯至不可振奋，此后局所以宜戒也。惩前毖后，惟有商为办而官为督。商而充官，则以商督商，必致朋比；官而充商，则以官督官，难于钳制（《清史研究》2009年第1期）。

显然，谢家福对于“官督商办”这个形式还是肯定的。但“说帖”中的意思是说未能做到这一点：在中法战争前相当长的时间内，是“以商督商”，光绪十一年（1885）盛宣怀任督办后是“以官督官”。要做到名副其实的“官督商办”，关键在于一定要设置商总办一席。他以为“今局宪皆官也，下皆散商也，有散商而无总商，事事待决于官督之人”（参见夏东元著：《洋务运动史》，华东师范大学出版社 1996 年 8 月版），是不行的。谢家福说他之所以“奉身以退”，辞会办职，是为了“腾出一席以为商总办”。他认为：“商总果生意出身，则同气相求，各局各船各栈，皆商也；商总而以会办代之，则各局各船各栈，浸假而近乎官矣，浸假而远乎商矣。其尚能与太古、怡和争胜者，必无此理。”这个意思是说，要使招商局兴旺发达，与洋轮角胜，必须实行名实相符的官督商办。谢家福慷慨激昂地说：“如必废商总而添会办，且以会办而充商总，名实既不相符，界限又相牵混，积而久焉，必与商督商办同一偾事。”李鸿章对于谢家福的意见很表赞同，他批示道：“设立商总，使商情无隔膜之虞，甚为有见。”（张后铨著：《招商局史近代部分》，中国社会科学出版社 2007 年版）

然而，盛宣怀为了集权力于一身，坚决不设商总。按当时商局分工情况，可以明显地看出盛的集权。盛宣怀于光绪十二年（1886）出任山东登莱青道，不常驻局。局中分为八股：马建忠总管揽载、修舱、翻译三股，沈能虎总管保险、煤料、案牍诸股，谢家福管漕运，银钱股为提调严溁所司。盛宣怀对他们采取“互相勾稽”的办法，即“提调慎写联票，马道核对联票签字，沈道核对流水账簿签字，谢牧核对月总签字，仍将流水、月总每月寄交盛道复核”；每季汇总送李鸿章“存核”。局中马建忠作用最大，而权力归总于盛宣怀。李鸿章认为，这种情况有如谢家福所说“一事公诸数人，始而和同，继而疑忌，各存意见”。因此有派商总的必要。但这为盛宣怀所顶撞，原因主要是设商总对盛宣怀的集权不利，尤怕“太阿倒持”再现（参见朱浒著：《从赈务到洋务：江南绅商在洋务企业中的崛起》，《清史研究》2009 年第 1 期）。

诚如谢家福的见解，在那时官督商办仍然有其必要性，问题在于未按此原则办理，而形成了“官督官办”。但因盛宣怀本人“商”的倾向性较强，故对招商局的发展仍然起到了颇大的促进作用。

首先是作为督办的盛宣怀指导思想是比较正确的。他说：“轮船招商局，外洋所谓公司也。大而言之，借华商之力，以收洋商之利权；小而言之，将本求利而已。故成本必须核实，得利方有把握。”（参见夏东元著：《洋务运动史》，华东师范大学出版社 1996 年 8 月版）这也才可能达到“收洋商之利权”的目的。所以盛宣怀先做成本核实的工作。他自光绪十一年六月二十一日（1885 年 8 月 1 日）接任督办那天起，将旧局“无从考核”的烂账，“简括稽其实欠之数”“界限划清，昭彰众目，庶使接办者三年之后，或得或失，无可推诿”（参见《“非常之人”盛宣怀》，《合肥晚报》2010 年 4 月 16 日）。他估算旧招商局共欠股本银、仁和济和保险银等款项 550 万两（除新借的汇丰银行 30 万镑合银 180 万两，实欠 370 万两），“以上实欠本银五百五十万两，作为本局接管之成本”（曹凯风著：《轮船招商局——官办民营企业的发端》，西南财经大学出版社 2002 年版）。但当时抵借“汇丰”30 万镑时，公估船产之价为 200 万两，“即当以公估之价作为实值，其余作为浮值”。盛宣怀认为浮值必须逐渐得到弥补，“若能使浮值减轻，则成效渐著”。这就是说，“浮值”是否能很快补为“实值”，是商局经营成败的首要一个标志。他决心要“救前人之失……徐图恢复”。果然，在盛宣怀“一敛字诀”原则下，“接办年余，获利既多，储款皆实”。他满怀信心地向李鸿章报告说：“能若此成效，如三年不改笔法，事权不转移，必能全数偿还洋债，成本折至三百万以内，官商血本皆有着实。”事实证明，不久即实现上述愿望（参见陈旭麓著：《盛宣怀档案资料——轮船招商局》，上海人民出版社 2002 年版）。

其次，“汇丰”借款向“旗昌”赎回船产。光绪十年（1884）中法战争紧张进行之际，光绪十年六月初十日（1884年7月31日）将局产船只售与美国旗昌洋行。这件事当然是正确的。它虽由马建忠经办，实际是得到盛宣怀的支持的。事先马建忠致函唐景星、盛宣怀说:“越事孔棘，法人要求过甚。局船不能不预为布置。”盛宣怀决定售与“旗昌”。在“与总船主商定办法”的同时，“又电请杏翁应否禀报”？盛当即首肯给予“应即预禀”的复电。此事当时人即有持非议的。杨廷杲（字子萱，武进人，长期从事电报局工作）就曾警告盛宣怀说:“招商局易主，令人一惊。此事真耶贾（假）耶?外人不得而知。若果有其事，外边物议纷纷，恐将来股东为难，并外边言语均不甚好听，务望阁下此事切不可预闻为幸。”作为其知己的杨廷杲劝告盛宣怀勿“预闻”招商局产售与“旗昌”事，可见社会非议的严重程度了。盛宣怀曾将局船易帜事询问经元善，经告以“处此市面难通，积弊难整，又值中法决裂，商船难以出口之际”，为了招商局的利益，售出“旗昌”以易帜的做法是对的。经元善还鼓其气说：“此时谣啄原不必计，只要事定收回后，处处脚踏实地，事事悉心整顿，勿再好大喜功，勿染官场习气，虚心求才，鞭辟入里，而至要关键第一勿徇私情。天下事全在人为，亡羊补牢，未为晚也。”（参见陈旭麓等主编:《盛宣怀档案资料——轮船招商局》，上海人民出版社2002年版）

上海外滩的旗昌洋行大楼旧址

经元善的见解是可取的。盛宣怀的做法基本上与经元善的见解一致。他没有计较易帜之初的社会“谣啄”，而尽力做到“事定收回”，也即于光绪十一年六月二十一日（1885 年 8 月 1 日）盛宣怀接任督办职那天向“旗昌”买回，款项是向汇丰银行借的 30 万镑。这是由于“接办伊始，随在需银，而局款一空如洗，官商无可筹挪”，乃禀明李鸿章向“汇丰”借了此款。可见赎回一事单款项上就是费了很大力气的（参见宋路霞著:《盛宣怀家族》，上海科学技术文献出版社 2009 年版）。

讲到这里必须澄清关于“汇丰”银行借款以赎回局产的问题。有的论者认为盛宣怀一上任即大批借款，年息 7 厘，受人制约，不能不是一个缺陷。实不知从当时情况看，借款是振兴招商局所必需的一着。不借款就无从买回招商局船产，不从“旗昌”买回船产，则诚如后来有人的追述：“彼时不能收回，则皮之不存，毛将安傅（附）？”局将不局，一切无从谈起。而收回之功，盛宣怀应居首位。除极力主张向“汇丰”借款外，更重要的是，因当时买回“旗昌”船产时，“但有杜卖明契，未立买回密约，该洋行将据为己有”（陈旭麓等主编：《盛宣怀档案资料——轮船招商局》，上海人民出版社 2002 年版），盛宣怀“大费唇舌”地“悉照原价收回”。所以施亦爵回顾这段历史时说：“乙酉（1885）之夏，向旗昌收回而后重定基础，乃有今日。故言商局之成绩，当以收回旗昌为断。……至谓局中盈余全在地产，确亦有理，但亦收回旗昌以后，生意蒸蒸有以致之。苟非生意有余，焉有置产之本？即收回旗昌颇非易事，微公（指盛宣怀——引者）孰能任之。”确实，不全力向“旗昌”收回局产，何来“生意蒸蒸”！又何来盈余！而收回船产又系盛氏之功，施亦爵虽对盛宣怀不无溢美之词，但基本上是符合事实的。

不可否认，盛宣怀向汇丰银行借款虽基本上是平等的，但也有过多迁就和接受苛刻的条款。例如，将船产作抵于“汇丰”的前提下，船产估值者二人均由“汇丰”荐派，“而估价各薪费，均由招商局付出”。此后到 30 万镑并利还清为止，每年由“汇丰”派“妥当者二人，估局中各产物轮船……其薪费等项均由招商局付出”。如果此二人估值不足 200 万两之数，招商局即须随时以物产补足。这不啻控制了商局财产值高低之权。此外还规定：“于此合同订立之后，汇丰派一监理之洋人，该洋人可以随时查看局中账簿，并验看各船各产业。如局中有办事不妥，以及产物短少，有碍借款利银之担保，监理人应告知‘汇丰’”，“汇丰”知照招商局即应筹办。如果招商局不照“汇丰”所要求办理，“汇丰可以有权全行收取或摘取局中船只各物业，可出卖，可出赁，可出典，听凭汇丰主意，并任由该行自办，或托他人代理。如一经汇丰管业，即可直行经理，俟收存银两敷还所欠本利各项为止……”以上这些表明，汇丰银行利用 30 万镑贷款一定程度地控制轮船招商局；招商局方面当然是不得已而接受这些苛刻条件的，但由于招商局经营较好，故苛条未能实现。应该说，“汇丰”借款不足为盛宣怀咎（参见梁启超著：《李鸿章传》，长江文艺出版社 2016 年版）。

盛宣怀振兴招商局的第三个有效措施是争取官的维持。轮船招商局既明确了官督商办，官督办又是李鸿章亲信盛宣怀，那么利用官的力量来维持商局就是意料中的事了。李鸿章对此表态说：“当此局势岌岌之际，必须官为维持，乃可日就起色。”（曹凯风著：《轮船招商局——官办民营企业的发端》，西南财经大学出版社 2002 年版）李鸿章主要采取 4 项措施来维持招商局：

（1）减免漕运空回船税。李指出，嗣后局轮运漕空回，请免北洋三口出口税二成，如原来装米 1000 石，回空时免收出口货税 200 石，“查照派运米数通扯免足二成”。

（2）减免茶税。嗣后华商从湖北附搭局轮出口帽合茶，请照砖茶之例，每 100 斤减为出口正税银 6 钱，并免复进口税。这样，商局借得水脚，他船不得揽载。

（3）增加运漕水脚。该水脚向为每石 5 钱 6 分，中法战争期间，“旗昌”与“怡和”“太古”承运漕粮减为 3 钱 5 分，实际是亏本的，他们意在争运，排挤华商。现在交招商局承运漕粮，照沙宁船例每石支 4 钱 3 分 1 厘。略高于“怡和”“太古”，不再扣减，亦不扣海运局公费，“以免亏赔而资津贴”。

（4）缓拨官本。招商局各省原存的官本，除陆续归还外，尚应还银 77 万余两，而该局现欠洋债计有 100 余万两，官本洋债一并归还必无此力量，于是暂缓拨还官本，免扣水脚，俟洋债还清再缴官本。

这几项措施，对于招商局恢复经济力量，无疑是一种支持（参见梁启超著 :《李鸿章传》，长江文艺出版社 2016 年版）。由此可见，盛宣怀任督办之初，争取官衙的支持对振兴招商局是起到积极作用的。因为，盛宣怀这位官督办较易取得李鸿章的支持，而李鸿章的支持才使招商局较易恢复。

盛宣怀振兴招商局的第四个措施，就是雇用技艺高超有本领的洋人并强调自主权。使用洋技术人员是必要的，但必须有真实本领，这是盛宣怀的一贯主张。他任招商局督办后，对洋技术人员作了整顿，其中派尉霞为总大车兼署总船主，即是一例。他认为，“总大车验修各船机器，较总船主更要紧。现用之总大车系罗贝一党，由‘江裕’升来，毫无本领”。尉霞本系旧局总大车，是有真本领的，派他任总大车兼总船主是比较适宜的。为了考验尉霞，订明先凭条月支领薪水商局300两保险局100两，但不立合同，作为正式聘任的过渡阶段。在过渡时期，“饬将各船逐号查验，并将各船洋人逐名考核呈报”。盛宣怀在使用洋人上非常强调自主权，他给尉霞作了规定：“以后调换船主及大修，须商督办；调换船主以下及小修，与局会办商定。”不仅如此，他还“通饬各船洋人不准饮酒，查出酒醉即辞歇”；并将“马士所司汇丰、怡太往来之事”，交由总翻译陈猷办理。经过对洋人的整顿，不仅工作效率提高，而且“洋薪岁少万金”（参见夏东元著：《洋务运动史》，华东师范大学出版社1996年版）。

盛宣怀对于经过考验确有能力胜任其职的洋人，聘定以后，即不轻易变动。例如光绪十八年（1892）招商局会办唐德熙等人因人们对于尉霞“啧有烦言”，作调换尉霞的建议时，盛宣怀不以为然地说：“本局……

会办与船主向来隔膜，全在尉霞一人调动，以致啧有烦言。”这就是说尉霞一人调动人员难免得罪一些人，“啧有烦言”不一定证明尉霞的不对，恰恰证明尉霞是正确的，如果因此而调换尉霞，会使谤毁得逞，故盛宣怀说：“鄙见另派总船主不特糜费，且恐各有私心，更不妥当。”（《盛宣怀日记》）

盛宣怀任督办后的一系列积极有效的措施，使招商局很快得到恢复和发展。票面值每股100两的股票，从光绪十年（1884）的50两，很快恢复到100两至200两。洋债逐年按数偿还，官款亦得以逐步归还。招商局的两个老对手——“怡和”“太古”自光绪十六年（1890）第二次“齐价合同”届满时，又复跌价相争，企图挤垮招商局。在这种情况下，盛宣怀领导招商局会办、帮办等人，不仅是应战，而且还积极进攻，迫使“怡和”“太古”再一次回到谈判桌上，签订了第三次“齐价合同”。

光绪十六年（1890）初，招商局、“怡和”和“太古”三家第二次“齐价合同”期满，“太古”元气基本恢复，于是凭借实力，提出了多占份数的狂妄要求。“太古”在其奢欲得不到满足时，把水脚先行滥放，“始则七、八折，继而五、六折，三、四折，近日竟跌至一折或五厘”（《施肇英致盛宣怀函》）。“怡和”也不示弱，有“跌至一折”的。招商局也不得不相应跌价，“亦有跌至二折者，亦有跌至三、四折者”。面对这种局面，盛宣怀说：

> 太古滥放水脚竟至一成，实属不成事体。我局与怡和宜随时会商，总以四成、三成五为率。如果一成即任太古全装（《曹凯风著：轮船招商局——官办民营企业的发端》，西南财经大学出版社 2002 年版）。

好在船期不同，亦不能全无生意。盛宣怀的总倾向是联络“怡和”对付“太古”，因为“太古向来轻视怡和，而怡和又负气不肯让”（曹凯风著：《轮船招商局——官办民营企业的发端》，西南财经大学出版社 2002 年版），矛盾不浅，可利用他们间的矛盾以战而胜之。同时，盛宣怀认为，水脚折至“一成”，一定要赔本，绝不能长此下去的。“一成即任太古全装”，我固“不能全无生意”，且可坐观其败。他知道“太古”本大利足，是劲敌，但他也没忘记警惕“怡和”，他指示下属说：“既防太古明与倾轧，亦须防怡和暗中损我。”（《盛宣怀致施子卿函》）可见，盛宣怀是将“怡和”“太古”两家同等地作为竞争对手看待的。在盛宣怀看来，做生意都是以盈利为准，绝没有哪一家会离开“利”而宣谈什么信义，“怡和”和“太古”也绝无例外。招商局联怡斗太，或联太斗怡，都是暂时的，在任何情况下对它们都应提高警惕，尽管总的倾向是联合“怡和”

以对付“太古”。这种立场和策略是对的。盛宣怀也表示：宁可商局每月少收10万余两，也不屈服于“太古”。因此他一面亲自出马与“太古”交涉，一面致函诸董事只要“振作精神”，必“能争胜怡、太”；同时还采取了一系列有效措施与其争斗：

第一，想方设法招揽客货。盛宣怀指示各分局，一则曰“三公司已经毁议，全在揽载认真，方免瞠乎其后”，绝不能“为太古争占先着”；再则曰“三公司分开，彼此争斗各不相下，全在联络客商相机因应”。他要求九江、汉口、福州等分局抓紧夏秋新茶上市之机，“务须妥为设法招徕，能与各栈家暗中商议，给予全年一成回用，使货物全装局船，以和定为止。则所损小而所益多”。各有关分局立即照办，表示“一俟新茶登场，自当联络栈家，设法招徕，以冀争胜怡、太”。

第二，争取国家津贴。盛宣怀在指示各分局设法力争、多揽客货的同时，又通过李鸿章的关系争取国家帮助津贴。他函告会办严潆说：“太古负气跌价颇伤大局，若果无和议，已密请傅相与总署、户部商定，设法酌加厘金，又客商所省之水脚暗加厘金之上”，以“酌贴商局”。盛宣怀估算，“大约本局经费连汇丰利息需用一百五十万两，照此跌斗能否收进八十万两，所短七十万两，拟请国家津贴。以三年为度，想必怡、太可以自退矣”。

第三，争胜怡、太作为考成标准。盛宣怀对各分局总办、会办提出严格要求，将争胜“怡和”“太古”作为主要考成标准。他致函有关分局说：“务望以后振作精神，但能争胜怡、太，即是诸公至要考成。”这个考成标准的要求，对于各分局尽力揽载客货、改善经营，以战胜怡、太，起了不小的作用（参见陈旭麓等主编：《盛宣怀档案资料》，上海人民出版社 2016 年版）。

以上这些措施增强了招商局的竞争能力。为迫使“怡和”“太古”就范，回到谈判桌上提供了保证。事实上，按着资本主义的基本经济规律，不论洋商、华商，创办企业都是为了追求高额利润，获取剩余价值，为了达到这个目的，他们不择手段地在自由竞争的角逐场上格斗。当他们力量微弱时，时时窥测方向，投机经营，竭力争取稳定的地盘并不断扩大之；当他们实力雄厚，足以征服对方时，就会毫不手软地摧毁并吞并对方；当竞争的各方势均力敌，并彼此杀得人困马乏时，也完全可能坐到谈判桌前谈斤论两，争取喘息休整时机，以利今后再战。“怡和”“太古”之所以能回到谈判桌上，是因为他们认识到自己尚无力征服对手。旗鼓相当的各方，竞争的结果将是两败俱伤。

光绪十五年（1889）招商局净余尚有 20.95 万两，光绪十六年（1890）只有 16.23 万两，减少了 4.72 万两，光绪十七年（1891）大幅度下跌，净余仅 2.8 万余两，光绪十八年（1892）净余更骤然下跌到1.73万两。虽然当时招商局咬紧牙关仍与之抗争，但不少头脑清醒的人已看到："再斗下去，实难久支""久而久之,不免有亏转虞。"从竞争另一方——"怡和""太古"来看，"三公司争衡将及三年，红脸（指'太古'——引者注）实已疲倦矣"。"怡和"的情况也不比"太古"好。"怡和""太古"（尤其是"太古"）本想挤垮招商局，"以遂其垄断之心"，但商局"请将采运局平粜免税之米，援官物例归局专装以抵制之"。使怡、太无法吞吃掉，而怡、太反使自己斗得疲惫不堪，不得已"始肯与商局重订合同"。"太古有悔于心，而又碍于情面……故托怡和来言"（曹凯风著：《轮船招商局——官办民营企业的发端》，西南财经大学出版社2002年版）重订合同。商局认为，"合同可立之机"到了，于是彼此妥协，签订了第三次"齐价合同"。固然，这个合同是招商局、"怡和""太古"3家相互妥协的产物，但追根溯源是盛宣怀为首的招商局进行斗争的产物。没有斗争是不会有3家的相互妥协的。而这个斗争在合同签订前、签订过程中和签订后，一直未停止过，盛宣怀坚持以斗求和，斗中取胜，同时他坚信斗争实际上是实力的较量，如果招商局没有实力，那"怡和""太古"是万万不会妥协的。招商局在和洋商的不断斗争中，利用矛盾，讲求策略，在剧烈的摩擦、冲突中求得企业的生存和发展。这种斗争在客观上对外资船运业在华势力的扩张起了一定的抵制作用。

由于“齐价合同”的执行，不久即产生了实际的效果。当光绪十七年（1891）3家削价竞争时，招商局净余2.8万余两，光绪十八年（1892）降到1.7万余两，而执行新合同的第一年即光绪十九年（1893），净余即达到27.64万余两，此后更是逐年增多。从中可以看出盛宣怀与“怡和”“太古”斗争和签订“齐价合同”对招商局所起的作用。招商局面值100两的股票，也由光绪十六年（1890）的50两左右，上涨到光绪十九年（1893）的140余两，对民族资本主义航运业发展起到了有益的作用（曹凯风著：《轮船招商局——官办民营企业的发端》，西南财经大学出版社2002年版）。

3. 旧交反目走麦城

徐润垮掉了，唐廷枢调离了，不能成为对手的对手张鸿禄乃至朱其诏等人并不能有所作为；盛宣怀一贯拉拢对己无害的谢绥之当上了招商局会办。这样，盛宣怀在招商局这块土地上似乎已经巩固了，可以高枕无忧了。然而事实绝非如此。名为会办实为总办的马建忠，才是真正的对手，才是继唐、徐之后可与之较量的劲敌。这一点，盛宣怀心中明白，也是压在心上的一块沉石。在马建忠上任之初，即向盛宣怀陈述自己的雄心壮志。在表示“用人决不插入一私人”的一切为公的态度的同时，也表达了一定要在招商局有所作为的意愿，他致书盛宣怀说：

> 弟自维才疏，本难肩此重任，惟于仕宦一途枘凿不容，迫而为商，藉为知己之报，果能假以二三年之久，局事或可起色，于大局于商务未必无毫毛之补。此所以力任而不辞者也（曹凯风著：《轮船招商局——官办民营企业的发端》，西南财经大学出版社 2002 年版）。

“为知己之报”，是马建忠对盛宣怀说的，当然为盛所欢迎；但“力任而不辞”以期“于大局”有所补，这只能是可暂而不可久。“暂”可使招商局整顿发展有起色，“久”则将成为盛宣怀的威胁力量。故对盛宣怀说，“暂”是允许的，可接受的；“久”而成为威胁是必欲去之的。事情的发展果然如此。

作为督办的盛宣怀不常驻局，常驻局中的是会办而实为总办的马建忠，实际上集商总与官总于一身，且一定程度兼领督办之权，这是潜在的矛盾危机。这个矛盾暂时可以掩盖，但遇到某些事机就会显露出问题。然而盛宣怀要挤掉马建忠，不像挤掉前几位那么容易，因为马建忠及其社会关系等，并不是一个弱者，而恰恰是一位强者（参见姜正成主编 :《中华商圣系列 : 实业之父盛宣怀》，中国财富出版社 2015 年版）。

马建忠长期从事西学研究，光绪二年（1876）留学法国，学成回国后为李鸿章办洋务外交，曾去印度、朝鲜办理外交，颇得李的信任。他这时利用驻局主持局务之便，常与李鸿章直接接触，李也直接给马以指示，这是很自然的。但盛宣怀怀疑李鸿章厚于马而薄于己。对于有些“檄文仍令马道会同”，疑为“似已不放心敝处”；李鸿章有时多批给盛一些“酬劳”费，盛则疑为“怜念我债台十级”,因为他认为自己“若论劳绩，不及眉叔与诸公远矣”。因此，盛宣怀出于本能的忌妒心对沈能虎说 :“眉叔宪眷，日好一日，局务意在责成一人。弟亦将若赘瘤。”于是他说想离开招商局了，直截了当地对沈能虎说 :“昨以三年期满禀辞，请另派督办矣。”其实这并非盛宣怀的真实思想，他决不会把自己看作招商局的“赘瘤”，而将督办一席轻易让人，他是要长期总揽一切的。为此，他正在策划对付马建忠，兹举二例。

其一，就在盛宣怀任督办“三年期满禀辞”之际，他告诉与马建忠“素不相和”的另一会办沈能虎，要他将局中商务随时函告。例如，他说 :“北栈目前仍系九扣，若如是，成何事体？祈再密细详查，得有实据，即行函示 ；”又说 :“局中人如过犯，仍望随时密告。”

这实际上是在马建忠左右收罗亲信和布置密探，以便有效地掣马建忠之肘。

其二，盛宣怀不允许招商局会办严潆去任织布局提调。光绪十六年（1890），时任织布局总办的马建忠，请李鸿章委严潆为织布局提调，盛宣怀果断地“禀求傅相收回布局提调之命”，改派严为布局“董事”虚衔。盛告诉严潆说：“心血不可多用，爱惜精神，始终商局”，不要三心二意；对于布局，因挂“董事”虚衔，故“不妨代眉翁运筹帷幄之中，而不可居兼会办之名，不可任银钱之责”。因仅挂虚衔“运筹帷幄之中”，可以了解布局内情。盛宣怀倒打一耙地说马建忠要调严潆任布局提调之职，是“以布局为重，商局为轻；争气为重，公事为轻”；而我却“断不敢不以商局公事为重”，一定要留住严潆，不至于“人财两失”。严潆闻之，向盛表示忠诚地说：“祗聆之下，仰见宪台垂爱之深，无微不至。”在行动上也遵命照办了。这再一次证明，盛宣怀绝非视己为招商局的“赘瘤”，绝非真的请“另派督办”，而是要进一步加强控制招商局，以巩固其基地。“禀辞”不过是挤走马建忠的目的未能达到的气话而已（参见胡泽著：《政商奇才盛宣怀》，商务印书馆国际有限公司2015年版）。

盛宣怀要在巩固招商局这块基地的基础上向外扩展，而马建忠亦在积极发展自己的力量，他除任招商局会办、织布局总办外，还兼揽宁海金矿，并有进一步扩充之势。而他所依靠的后台与盛宣怀一样，也主要是李鸿章。马建忠这种势均力敌的对手向盛宣怀相逼而来，当然为盛氏所不容。他牢骚满腹地函告总署大臣张荫桓说：

> 眉叔兼综宁海金矿与机器织布，虽精力与人不同，然亦终恐心志稍纷矣。弟智不及眉叔之半，俟明年（局、怡、太）合同议定，稍有转机，即当禀求傅相另委他人接办，以免陨越。

“智不及眉叔之半”是假话，禀请“另委他人接办”，同光绪十四年（1888）所说“三年期满禀辞”的意思一样，是个烟幕。这些都是对李鸿章发泄的埋怨之言，并非真情。但他说马建忠包揽许多企事业，使“心志稍纷”，即是说马手伸得太长，却是真情。这是盛宣怀警惕马建忠妨碍自己“办大事”的妒忌心的吐露（参见姜正成主编：《中华商圣系列：实业之父盛宣怀》，中国财富出版社 2015 年版）。

盛宣怀对于马建忠的警惕是多方面的，局内惧其侵权以致尾大不掉，这尤其表现在用人上。盛宣怀密告局中亲信沈能虎说：“俞、陆、毕三司事，眉叔商用其二，弟坚持未允。江船帮办虎臣、小舫、葵孙照尊议移置局中，眉叔商派分局帮办……不解何事得罪，必欲去之，不得已移置汕局。此才闲散，殊属可惜。”（《轮船招商局——官办民营企业的发端》）这个事实说明，马建忠欣赏的人而安置之，盛坚不允；盛宣怀欣赏的人欲“移置局中”，马亦不允，盛也无可奈何。马建忠的分庭抗礼已很昭然。这种情况，盛宣怀当然是“必欲去之”的。“去”的机会和借口总是可以找到和等到的，终于因5万两“旗昌”存单上将抬头“马建忠”三字改为“轮船招商局”的事而爆发。

这件事的简单经过是：马建忠曾将苏漕运脚漕平银5万两存于“旗昌”，存单上写明“收到　马建忠”字样，但“当旗昌倒闭之日”，马嘱招商局翻译葛仕（亦译为“海滋”）改写为“收到　轮船招商局”字样。这件事马建忠是错误的。公款存单用私人名字错于前，旗昌倒闭唯恐败露而偷改为局名错于后。这就给盛宣怀以可乘之隙。盛宣怀通过沈能虎上禀李鸿章，在揭发马建忠指使葛仕私改的错误过程之余最后说：

> 至马道以此款存放旗昌，曾朦禀中堂，诿为职道主意，其存单本写明马建忠字样，一经职道禀闻，无从诿卸，改写“轮船招商局”交阅，冀可欺瞒。殊不知洋人凡写紧要字据，有编月日挨次底本，以备查对于存单原纸，描改无益。今果验明，徒增串诳之迹而已。

除这件事外，沈能虎在禀稿中还控告马建忠“挂欠公账银一千三百六十余两”之事，以重其过。李鸿章在盛宣怀及其串联的一些人的“严峻陈词”多方敦促下，始“偶为所动，暂令眉叔离局清厘侵挪各款”（参见陈旭麓等主编：《盛宣怀档案资料——轮船招商局》，上海人民出版社 2002 年版）。

角斗多年，马建忠于光绪十七年（1891）八月间离局，盛宣怀初步如愿以偿。

马建忠一离局，盛宣怀马上总结性地与人书云：“招商局一败于徐，再败于马。”这未免是不公正的评价。应该说，徐、马都是有功于招商局者，在盛宣怀创办和维持招商局等方面也是有贡献的。怎么可以说“败于徐、马”而归功于盛宣怀一人呢？盛宣怀这样讲，显然是为彻底赶走和搞垮马建忠制造舆论。为了这，盛宣怀处心积虑地警惕着马建忠卷土重来和不许另行设局以相抗衡。现分别叙述之。

（1）马建忠离开招商局后确有重返的意图和迹象。消息灵通的盛宣怀得到情报：一是“有洋人诣院坚留”；二是“眉叔在津，丁禹翁、杨鹄翁均为力求回局”，而马建忠来函声明，他虽离局但“不奉明文撤差”。意思是他仍是商局会办，随时可以回局。这是盛宣怀不能容忍的，于是他采取利用沈能虎抵制马建忠的策略。

他知道在会办中马、沈素不相得，用沈顶住马的重返是合适的。盛宣怀要求沈能虎将局中所有力量团结于自己周围，一方面，函告沈说："眉叔屡言兄与诸君不能商筹公事，"而"眉叔驻局时亦不过能与数人和衷共济"。这就是说，马建忠能团结很少几人，沈能虎改变"不能商筹公事"的毛病就行。另一方面，指示沈能虎处此关键时刻应如何处理问题。首先是应有明确的分工并了解他们间的关系："银钱芝眉（严潆）专责，揽载凤墀（唐德熙）专责，交涉辉庭（陈猷）专责，修舱、调度船主人等蔚霞专责……芝、凤、辉颇称相得，人心帖定，反见整齐，可慰之至。"这就是告诉沈能虎，严、唐、陈3人是可以而且应该争取和团结的。具体指示说："阁下已在局五年，虽不问事，耳濡目染，必已深明窍要，尚乞处以镇静，扼要以图。琐屑之事暂搁一边，日行之事，与芝、凤、辉商办，不掣其肘；紧要之事，与敝处函电商办。"这就是要沈能虎对下"扼要以图"，团结严潆、唐德熙、陈猷3个关键人物，对上直接同盛宣怀联系。这就在实际上使沈能虎代替了马建忠的位置和权力。然而，马建忠出局后沈能虎虽代其职位，但"尚未得接办字样"的公文，因而还不能算是名正言顺。盛宣怀意识到，这可能与苏漕5万两的事有牵连、有分责，于是他指示沈能虎不要着急，"宜镇定处事，宜认真看人，一秉至公，自有道理"。这就是说，只要按照盛宣怀的指示做去，“接办”马建忠之位的目的是可以和能够达到的。

（2）盛宣怀不仅要达到不许马建忠重返招商局的目的，而且马氏在外面另设一织布局也不允许，以缩小马的阵地。马建忠出局后，不仅保留重返招商局的权利，还要另设一个织布局。这时，盛宣怀正打算插手织布局并在布局设纱厂，因此，他着急了。他马上建议李鸿章不要许诺马建忠。他与人书云：“织布一局未妥，眉叔复请借银百万另办一局”，这是不能允许的。“譬诸两桌菜，一厨房办省乎？两厨房办省乎？师相幸纳刍言，暂缓另举”。李鸿章为什么那容易地“纳刍言”，使“暂缓另举”呢？这是由于李本来对马的织布局事即有看法，在此前 4 个月，即对马的布局事作过“汝办事一味空阔，未能处处踏实”的批评。故盛宣怀的“刍言”是容易被李鸿章采纳的。

（3）为了断马建忠重返招商局的路，盛宣怀撤除马氏在局中亲信，以清除其基础。马建忠刚一出局，盛宣怀即密示沈能虎：“请阁下将各（分）局情形详示……请将各船买办孰是孰否，开单密示。”“密示”不到一个月即开刀了。他尽管表面上说：“马眉翁离局以后，各船坐舱，鄙意在悉仍其旧，听其（各）自改悔。”但不到一个月即接二连三地撤人：“海晏”坐舱王子平、“新盛”坐舱沈卓峰、“普济”买办周锡之等均被裁撤。

他们或因轮船失事身不在船上而“致有落海人命”案；或因装载违禁品火药“未将客人指交，又不报局”；或因吞吃票价的“著名吃客之人”，均为“势不能不撤”者。盛宣怀这样做，实际上是对马建忠所为以牙还牙，因“眉翁前欲安置其亲戚”，撤去“江平”轮上盛宣怀的亲信施子香（参见姜正成主编：《中华商圣系列：实业之父盛宣怀》，中国财富出版社 2015 年版）。

然而，盛宣怀要消除马建忠在招商局的影响，仅仅上述 3 条措施还是不够，更重要的是在经营效果方面超过马建忠才是可靠的。在这方面，盛宣怀、马建忠又进行了一场较量。

马建忠出局时，正是招商局与“怡和”“太古”竞争激烈，水脚大跌、收入锐减之时，盛宣怀是在商局经营不利的情况下与马斗争的。马建忠看清了这一点。他一方面说，苏漕 5 万两应由沈能虎“理还”；另一方面说，商局“生意大不好，皆其出局之后”。这些话的意思是说，只有我马某才能让局事有起色，为重返商局造舆论。他在回沪过烟台时面告盛宣怀：“此次回沪筹办了事，中堂答应事情一了即可回局。”这就搞得盛宣怀也“惴惴焉虑生意不好为彼借口”，可见马、盛间斗争的尖锐程度了。盛宣怀除“密嘱”各局“格外认真”招揽客货外，加紧与怡、太谈判，于光绪十八年（1892）春签订了齐价合同。这些都帮了盛宣怀的忙和加强了与马建忠较量的资本，盛宣怀于是腰杆硬起来了，而告人云："马眉翁一路人总说招徕不及从前，搭客尤吃亏。此皆无稽之谈。"这话并非空讲，而是有具体措施的。他拟将从光绪十八年（1892）正月起，"每船每月搭客做一表账",经营情况与"前三年逐月逐船比较……以后坐舱功过亦可以此定断"。这就是超过以前为"功"，否则为"过"。盛宣怀是明智的。他提出上述主张，正是与"怡和""太古""齐价合同"订好，"怡和""太古"尽管有反悔表示，但水脚还是逐步上升，大有超过以前趋势之时,堵住马建忠的"借口"确有把握了（参见陈旭麓等主编：《盛宣怀档案资料——轮船招商局》，上海人民出版社 2016 年版）。

盛宣怀和马建忠较量的结果是马建忠没有能够重新进入招商局，终成一个彻底的失败者。但是盛宣怀对于这个落败的"穷寇"依然是耿耿于怀，直到光绪二十四年（1898）为了修筑铁路的事，还在防备马建忠。盛宣怀巧借着"识者"的话对张之洞说："与其摒弃（英、德筑东路）而为我仇，尚不及联合一气可免纷争。"盛宣怀对这位"识者"的话极为赞赏，并发表意见说："管见一味坚拒，不徒无益，且必驱而归诸马建忠辈，岂仅卢汉加一大敌，中原从此无干净土矣。"这里表明，马建忠尽管败于招商局，可是在别的方面，如修筑铁路上想出奇制胜，而盛宣怀则时时保持高度警惕，宁愿向外国资本家妥协，也不愿意给好处于马建忠。可见仇怨颇深！当时的盛宣怀可谓阶级本性使然，不必深究孰是孰非。

19世纪90年代初，盛宣怀取得了在轮船招商局的绝对地位，并以此为基地，建立起自己雄厚的经济实力。洋务企业的4大支柱产业，盛宣怀已经掌握了其中的3个——轮船、电报和部分煤铁矿务，现在就只有关系民生的纺织业不在其掌控之中了。

纺织品是19世纪国际贸易的主导商品，它与鸦片是当时中国外贸入超的主要原因。棉纺织业和航运业有所不同，轮船运输必然在中国本土进行，可是棉纺织业却能够在外国制造，接着运输到中国。在上海织布局开始筹办之初，外国基本没有提出在华设立棉纺织工厂的要求，尽管后来有几起要求，不过都被清政府制止了。如光绪七年（1881）美国人华地玛（William Shepard Wetwore，又译魏特摩）计划在上海建立纺纱公司，清政府给以严厉陈词，致使“各国商人均极慑服”“美商更感生畏，遂帖然不敢复持异论”（参见夏东元著：《洋务运动史》，华东师范大学出版社1996年版）；又如光绪八年（1882）华地码再递设厂方案，仍被清政府阻挠；光绪十五年（1889）日本人想在上海开办织布公司，同样是“卒不果行”。清政府能够在棉纺织业中成功地阻挠外资设厂，并不是因为清政府有这个魄力，而是因为此时外国资本还没有在华设厂的强烈愿望，最主要的因素在于在外国设厂制造后输入中国同样能够获得利润。因为没有外资企业对华商的示范作用，华商也就很难拟定独立设厂的要求。在这种情况下，还是有两起华商试图和洋商联合设厂的举动。比如咸丰八年（1858）华商席长卿试图和美商联合设厂，之后又和法商以及英商接洽，不过都没有获得成功。光绪三年（1877）大商人胡雪岩也曾经试图和怡和洋行搞一个所谓“官督商办”的设厂计划，同样遭受到清政府抵制。这是由于棉纺织业与轮船航运业一样，在当时是一个十分重要的产业部门，清政府想当然地要予以垄断，严格禁止民间企业的滋生。

红顶商人——胡雪岩

19 世纪 70 年代后半期，为与外商争利，朝野有关人士开始着手筹办纺织厂，中国近代棉纺织业自此开始酝酿。早在明、清时期，上海地区的手工棉纺织业就日益兴盛，成为当时全国最大的棉纺织业中心，享有“衣披天下”的美誉。到清朝末年，上海的纺织业仍然十分兴盛，一度成为当时全国最大的纺织中心。基于这样的发展形势，一些地方官员便纷纷上报朝廷，希望中国也能够有自主的纺织业。

李鸿章所管辖的区域里，有一个官员提出了在上海成立织布局的建议，并明确地说出了办织布局的好处。李鸿章也知道，中国所用布匹、棉纱等物，都是进口的，洋人在此项上获益颇丰。李鸿章也不想中国的钱财全部被洋人赚取，因此便批准了申请，允许在上海成立机器织布局。

不过上海机器织布局成立后，出现了很多困难，最大的困难便是领导内部不协调。当时奏请成立织布局的是四川的候补道彭汝宗，这个人独断独行，而且喜好贪污受贿,名声很不好。上海机器织布局成立之后，郑观应也在其中担任会办一职。

在此之前，郑观应曾经放弃太古轮船公司的职位，转而投入到李鸿章所创办的洋务事业中来，他颇得李鸿章的赏识，与盛宣怀的合作也非常顺利。

郑观应心思缜密，做事沉稳，时间一长，他就发现彭汝宗是个不足以与其共事之人，因此与他极为不和。

领导层不协调，企业又怎么能够发展呢？时间一长，上海机器织布局就办不下去了。郑观应看织布局的发展方向不明确，再加上看不惯彭汝宗的所作所为，一气之下就辞职了。随后，他也带走了他之前带来的一些商人。

彭汝宗因为将上海机器织布局办得一塌糊涂，而受到了李鸿章的严厉斥责，李鸿章考虑再三后，将彭汝宗辞退了。

光绪六年（1880），李鸿章将上海机器织布局重新改制，又注入了一部分新的资金，将郑观应又拉回了织布局，让他主持全面的工作，而且仍旧沿用官督商办的方式，并拟定了详细的章程。李鸿章的这种做法，总算使得织布局死而复生了。

接着，上海机器织布局开始向英国和美国订购纺纱机、织布机等设备，并聘请了洋技师。洋人当然不愿意中国有自己的纺织业，于是他们委派的洋技师处处刁难织布局内的工作人员。

洋技师的刁难，使得上海机器织布局再次陷入了窘境，李鸿章没有办法，只能再次进行调整。

调整之后的上海机器织布局，面貌焕然一新，生产力大大地提高了，而且资本也迅速地累加了。

在这个时候，郑观应犯了和徐润一样的错误，他私自挪用公款进行炒股。本来是相安无事的，可是光绪九年（1883）的经济危机致使他挪用公款的事情败露，于是他离开了上海。

离开上海的郑观应一度消极、低沉，内心十分痛苦，在澳门过着隐居式的生活。不过兴国安邦的思想在郑观应的脑海里并没有泯灭，而是越来越强烈了。随后的几年时间里，他多方搜集资料，再加上自己近乎半生的感慨，写成了一本传世佳作——《盛世危言》。

书中的主要思想，便是那个时期郑观应的著名观点——富强救国。这本书无论是在当时，还是在现在，都有着深远的社会意义。

随后，上海机器织布局落到了马建忠的手里。在马建忠的整顿下，织布局比以前的规模更大了，每天的织布量达到了五六百匹。

尽管织布局较以前多少有些起色，但是要想跟洋人争利，还是杯水车薪。马建忠也意识到了这一点，于是他写了一个折子给李鸿章，说如果想要织布局有更大的发展，必须要扩建厂房，投入更多的资金。李鸿章知道其中的缘由，于是欣然同意了。

不过在筹措资金方面，马建忠并不顺利，而且处处受阻，最后也没弄出什么名堂来。此时的盛宣怀，有着更大的野心，他想将洋务事业中的 4 大支柱产业全部纳入囊中，因此要将马建忠挤走。

李鸿章看马建忠筹集资金无果，而且上海机器织布局在马建忠的带领下，也没有更大的发展，于是便将他调离了上海机器织布局，改派杨宗濂、杨宗瀚兄弟接管。

杨宗濂任职直隶通永道，尽管身为官僚，但是他在天津商界却很有威望，并且很受李鸿章重视。光绪十六年（1890）织布局投资生产后，在杨氏兄弟共同的经营之下，拥有纺锭35000枚，织布机530台，雇工大概4000人，营业开始时很兴盛，每个月能够获利1.2万两。李鸿章启用杨宗濂也是因为可以直接掌握织布局的管理权，而“不再假手买办出身的人”。在杨氏兄弟经营期间，织布局中纳入了不少洋务派官僚（包括李鸿章自己）的私人资本。不过杨宗濂深切知道企业商办的意义，光绪十九年（1893）六月，他向李鸿章禀请增设“与布局外合内分”的商办纱厂，在招股章程中他写道：“此局全系商人股本，不领公款，不请委员，但责成商股之中廉干谨饬者总理厂务。”（参见夏东元著：《洋务运动史》，华东师范大学出版社1996年版）七月，他获得李鸿章的批准，在上海挂起了“同孚吉机器纺纱厂”的招牌，并将股本扩大为60万两，公开招募股份。杨氏兄弟尽管是李鸿章作为洋务派官僚直接控制织布局的代表派去的，可是因为他们能够坚持商办的原则，再加上洋纱洋布的冲击已经使国内形成了一定的消费市场，织布局在光绪十六年（1890）开工之后，经营还算顺利，利润也颇可观。

织布局创办前后数年，盛宣怀只是代表北洋与织布局有所联系，未曾在局任过实职，也未直接管理。光绪十六年（1890）织布局开工后，营业兴盛，仅织布部分的利润每月就12000两，纺纱部分还更多。对于这样一个与人民生活密切相关、盈利最有把握的企业，盛宣怀岂能不想管？他也并不是没有兴趣，而是一直在密切关注织布局的发展。光绪十年（1884），郑观应离局赴抗法前线效力时，曾禀请由盛宣怀接办局务。那时，正是郑观应因局中票证跌价引起亏欠之际，郑禀由盛接办有让盛帮其摆脱困境的意味。盛宣怀借口轮、电事忙力难兼顾，乃禀由经元善处理。后来马建忠任布局总办，盛宣怀就难插手了。光绪十七年（1891）马建忠想借银100万两另设纺织局，为了防止纺织权旁落，盛宣怀立即出面阻挠。其实，此时的盛宣怀正与朱鸿度一起创建纱厂作为布局分厂。他一直都在等待时机，等待独揽纺织业的时机。

4. 全面掌控4大产业

光绪十九年九月初十日（1893年10月19日）的一场大火，给了盛宣怀掌控织布局的机会。见织布局发展态势很好，李鸿章准备扩大规模，他请远在英国伦敦的薛福成迅速为上海机器织布局购买新式细纱机100部。结果，这场大火使得李鸿章筹办了10年但开张仅2年多的上海机器织布局几乎毁于一旦。全厂房屋货物用具等，损失加起来不下70余万银两，烬余折成款项，大致仅够抵还零星欠款。李鸿章的宏图大略暂时受挫，他并未因此退缩，而是认为中国的纺织工业一定要和外洋竞争，以使华棉有销路、华工有生机，华商亦有余利可沾，于是他加紧规复织布局。

究竟派谁去完成规复大任呢？此时大家公认非盛宣怀莫属。李鸿章自然看重盛宣怀，他认为盛宣怀在办商务和洋务方面，很能苦志研求；社会上也公认盛宣怀的身份、势力和财力，认为只有他适合担当织布局规复的重任。“身份”上，他是天津海关道；“势力”上，他有以李鸿章为首的北洋权势做强劲的后台；“财力”上，在当时更是无人能够匹敌，他既掌握着招商局这样的生财企业，又有大批的钱庄和官款的支持。最终，盛宣怀临危受命，前往上海善后，筹集款项，官督商办，积极地把握这次机会。鉴于当时“棉纱已飞涨至六十五两外”，布利又比纱利更为丰厚，正是获利的极佳时刻，盛宣怀积极性相当高，希望能很快完成规复。

同接任招商局督办时所办的第一件事一样，光绪十九年（1893）十月十九日，盛宣怀接到规复织布局委札后的第一件麻烦事就是结束前账。布局官款 26.5 万余两，商股 55.4 万余两，其他公私股份约 20 万两，经过中、西两方人员估算，剩余残物最多值 10 余万两。大火后所剩的不多物值，摊派给谁呢？盛宣怀这次一改通常先顾官后顾商的惯例，从“总须体恤旧商，方足招徕新商”的观点出发，打算所有的官款在以后建厂盈利时再慢慢还，此时的10万两先全分摊给商家，按旧股1000两先摊200两，其余800两待获利时归补。盛宣怀也称这是不得已的办法，但这种顾商利的做法，果然奏效，招徕筹款一下子变得容易多了。

为了筹建新厂，他号召上海、宁波、苏州3地绅商认购股份60万两，另从电报局、招商局挪补巨款，不到两个月，就筹得款额100万两。但认购者仍纷至沓来，以致后来不得不限制购股。筹办新厂的第一步筹款工作成功地完成了，接着要进行的是具体的建厂工作了。

为了吸引商人，减少织布局的官味，盛宣怀决定把“局”改为“厂”，以示商资商办，取厂名为“华盛纺织总厂”。盛宣怀为总管，严作霖管银钱，沈廷栋、褚成炜管工作，许春荣、杨廷杲、严潆管买卖棉花纱布，均称董事，股票都由盛宣怀签名。这个领导班子基本上是轮、电两局的成员，从某种意义上可以说，“华盛”是盛宣怀直接管辖的轮船招商局和电报总局的派出机构，盛宣怀据此达到了长久操控纺织局的目的。

光绪二十年（1894）华盛总厂部分投入生产，有布机750架，工人4000多名，当时的《捷报》评论说：“上海织布局已于去年十月十九日被焚，这次火灾并没有阻住中国工业的努力建设。规模更大、设备更好的织布厂建起来了，并于上星期一开工。星期三即十九日，大火之后整整十一个月，棉花已入厂，预计数日后即可出纱。旧局有布机五百台，纱锭二万五千枚，新厂现有布机一千五百台，纱锭七万枚。”（参见夏东元著：《洋务运动史》，华东师范大学出版社 1996 年版）

“阻力是很大的，但我将以所有的毅力、魄力、财力、能力在荆棘丛中踩出一条大路，然后再拓展成金光大道！”这是盛宣怀接办织布局之初信心百倍地对夫人庄氏所表达的那番雄心壮志。织布局初期运营的成绩表明盛宣怀确实做到了。他的这种自信心是建立在他多年创业实践的经验上的，也是建立在他对规复织布局的切实措施和精确计算上的，更是建立在市场规律基础上的。

盛宣怀接办规复纺织厂，始终坚持着两个原则：一是从商民利益出发，以赚钱为原则，主张商办；二是要同洋商进行竞争，以维护民族利益。因此在拟订《华商机器纺织公所章程》时，盛宣怀就拟出了如下规定和办法：①华盛总厂及其分厂，均商本商办，摒除一切官气；②为降低出售价格，盛宣怀禀请政府对“华盛”的有些项目轻税和免税，如“华盛”产品运销免税，华盛及其分厂所购用的纺纱织布机器设备进口免税等，成本降低了，自然增强了与洋商竞争的能力；③明确指出规复织布局就是为了“功保中国商民自有之利权”，抵制洋商自运机器来华制造纱布，防止中国利权被洋商一网打尽。出于保利权抵洋货的目的，“华盛”的规模大小都是根据纺织品进口的具体情况详细制定的。

④在聘用洋技师方面，同轮船、电报、矿务等企业的用人原则一样，即聘用者必须有真才实学，用其技术，但用人权在企业（参见陈旭麓等主编：《盛宣怀档案资料——轮船招商局》，上海人民出版社 2016 年版）。

负责规复工作的盛宣怀制订了一个比上海机器织布局时期更为宏大的垄断计划。他计划在总厂下设 10 个分厂，计划设纱机 38 万锭、布机 4000 张。以上规模是这样确定的：所拟公所章程时估称光绪十八年（1892）进口纱包约 2100 万两，所以拟定华盛总厂和分厂共办 38 万锭（后增湖北纺织官局 2 万锭，共 40 万锭），每年可出纱 25 万包，可售得 1500 万两，占进口纱包的 70%。光绪十八年（1892）进口棉布 267 万余匹，约售银 667 万两，因而拟办织机 4000 张，每年

重建后的华新纱厂

约可出布 240 万匹，可售银 600 万两，占进口棉布的 90%（《中国近代经济史统计资料选辑》）。华盛总厂成立以后，在上海、宁波、镇江等地先后开设了 8 家分厂，它们是：裕源纱厂、通久源纱厂、大纯纱厂、裕晋纱厂、同兴纺织厂、集成纱厂、松盛纱厂和肇兴纱厂。加上早已隶属于上海机器织布局的华新纺织新局（后改为华新纱厂），实际共建立了 9 家分厂。盛宣怀后来请求获得特权，李鸿章把“华盛”计划的 38 万个锭子、4000 张机子，加上湖北织布官局的 2 万个锭子、1000 张机子，共 40 万个锭子、5000 张机子，允准今后“无论官办、商办，即以现办纱机 40 万锭子、布机 5000 张为额，10 年之内，不准续添，俾免壅滞”（参见梁启超著：《李鸿章传》，长江文艺出版社 2016 年版）。

纵观盛宣怀兴办的洋务活动，我们比较容易发现他不仅是个创新者，而且是一个成事者。李鸿章当时力主创办的上海机器织布局，由于失火而损失十分惨重，几乎濒临倒闭。盛宣怀趁机而起，凭借他的智慧和才干，让上海机器织布局再次获得生机，并且更名为“华盛纺织总厂”。当时，洋布可谓风靡一时，盛宣怀亲自督导筹办的华盛纺织总厂，在一定程度上遏制了洋布几欲垄断中国市场的尴尬局面。如此一来，洋务运动中兴起的 4 大民用工业企业——轮船、电报、矿务、纺织，就全部交由盛宣怀控制与经营了。

四、人生巅峰，做大官办大事

1. 在其位谋其政

光绪十一年（1885）以后，盛宣怀身兼官商的特点日益显现：为官，他成功治理了山东的水灾，疏导了小清河，发展了中国的内河航运业；为商，他热衷于修建铁路，创办银行，让自己的财富更上一层楼。“做大官办大事”的理想可谓业已实现。

光绪十二年（1886）夏，盛宣怀由清政府授予山东登莱青道兼烟台海关监督之职，他在此职位上一直干到光绪十八年（1892）正式任天津海关道止，尽管这期间他仍做着轮船招商局和电报局的督办，一面热心着实业的发展，一面也克尽为官分内的职守。据《清史稿》的记载，这期间他为官任上做得最好的政绩是治理山东的水灾及疏浚小清河，发展内河航运业。

光绪十三年（1887）夏天，黄河泛滥成灾，河北、河南、安徽、山东等地都遭受了非常严重的水患，盛宣怀首先是捐出自己的许多积蓄，接着动用当地的官款对受灾区进行赈济，同时向各省发出电报，奉劝各省绅商特别是上海的绅商捐助赈灾，他又向山东巡抚张曜进万言书，提出治理山东境内黄河的有效建议。张曜后来采纳了他的提议。

光绪十六年（1890）春夏之交，山东黄河南、北两岸及运河所经之地，又有37个州县遭受水灾，巡抚张曜无法筹措赈灾费用，乃嘱盛宣怀“协同筹济”。盛宣怀对张曜的请求“不遗余力”，事后张曜感谢盛宣怀致辞：“德薄召灾，累我苍公。万家生佛，所赖唯公。”（参见常州图书馆：《亦商亦官的中年生涯》，《常州文史资料之十大名人

山东巡抚——张曜

资料——盛宣怀》）第二年五月，清政府以盛宣怀此次“倡捐劝赈”，赏头品顶戴。

由于多次在山东赈水灾，盛宣怀也就尤其留意山东水灾缘由的调查，留意山东水利的建设，并很快形成自己的一套建设方案。而山东巡抚张曜也是一个比较关注民生问题并且讲求实际的官员，如此一来，之后就有盛宣怀与张曜合作治理小清河之举。

小清河原本是山东境内一大干河，自历城、章邱县起，承接济河、漯河二水流入海。小清河“愈淤愈短，旧址堙废，夷为民田，昔日河身，今且高于平陆”。盛宣怀认为要减少山东水灾，就必须疏浚小清河，而疏浚小清河的原则是，“规复小清河正轨，而不拘牵小清河故道”“不容泥守陈迹”（《清史稿》卷一百二十九）。经过5年的调查研究，光绪十七年（1891），盛宣怀在张曜的支持下开始疏浚小清河的工程。先由下游入手，盛宣怀以上海等地绅商“所集赈款，招募附近灾民，分段挑挖，以工代赈。计自博兴县之金家桥起，至寿光县海口止，延长百余里，水势归漕，畅行入海，糜金不及二十万，历时不过数月，而官免筹费，民获有秋，成效已著”。当年秋天，张曜去世，原山东布政使福润升任巡抚，福润再与盛宣怀商议疏浚小清河上游。最终，小清河上游疏浚工程“由金家桥向西取直，就支脉沟与预备河两河间洼地开挖小清河正河，经过博兴、高苑、新城、长山、邹平 5 县至齐东县之曹家坡止，计长 48.75 公里，河面连马道仍宽 10 米，深 2.7—4.7 米不等。又从金家桥以下起循预备河旧址开浚支河至柳家桥，以承泄麻大湖上游各河之水并引入正河，支河长 12 公里，宽 6.7 米，深 2.3—3 米不等。正支两河共用银 24.5 万两”（安作璋、陈冬生著 :《山东通史志》，人民出版社 2009 年版）。疏浚小清河上游工程的费用仍是由盛宣怀“协同”上海等地绅商“集捐举办”。历城、章丘、齐东 3 县工程虽然不在盛宣怀辖区内，但他仍然“一律筹捐兴修”。

盛宣怀治理小清河尽心尽力，其子盛同颐记述父亲 :“以历年兼营河务，往往累月驻工，或亲行履勘，风日不避。常从羊角沟掉（调）小舟出海，遇暴风雨雹，舟几覆，衣履尽濡，饱受寒湿，返署而喘乃大作，由是觏寒辄发，过劳亦发，根株不可拔矣。”（盛宣怀后人著 :《盛宣怀行述》）《清史稿》也记述了盛宣怀治理小清河的事迹，说盛宣怀“因讨测受灾之故，益究心水利，其治小清河利尤溥”。

小清河上、下游工程历时 3 年，用银 70 余万两，再加上山西旱灾劝赈 90 万两，顺天、直隶水灾等义赈 20 多万两，全部经费皆是盛宣怀在这几年所劝募筹集而来。因此当小清河工程全部完工以后，山东巡抚向清廷上奏为盛宣怀请功，清廷“以无可加荣，仅传旨嘉奖”。因为盛宣怀早就因助赈之功赏了头品顶戴。

盛宣怀关于发展内河航运业的想法开始于光绪十二年（1886）上半年，这一年春他和招商局会办马建忠等人上条陈于李鸿章与湖广总督张之洞："年来外国富强，无不自通商始。口岸通商人与我共之，内地通商我自主之。故欲求中国富强，莫如一变而至火轮，设一内地快船公司，与招商局相为表里，以兴中国内地自有之商务，而收中国内地自有之利权。"（盛宣怀条陈：《内地设轮船公司议》）当年秋天，盛宣怀升任登莱青道兼烟台海关监督，他不仅有胆识而且拥有实际权力，终于能够把在内地设轮船公司的想法付诸行动了。他上任之初，在当年冬天就致书李鸿章，详细地陈述在自己属区内发展内河航运的计划："查东海各口，南与江苏盐城毗连，北与直隶盐沧毗连，所辖1300余里，大小海口100余处，而水深七八尺可驶浅水小轮者约有10余处。如掖县出草帽缏，岁约三四万包，皆由陆路盘山驼运，每包须出运费京钱4000，间有民船海运，常虞倾覆，商民畏之。而距掖县三四十里，即有太平湾、虎头崖两口，可驶浅轮，若水脚每包一两，即可收银三四万两，其枣子、粉丝等物出口，洋布等物进口，每年水脚亦有数万两。"为了预防官场以内河设立轮船公司有"导洋人内窜"之嫌而加以阻挠，盛宣怀接着告诉李鸿章，他对这个问题已经想好了对策，他已“与在烟洋商酌定，只准招商局华轮前往，不准洋轮前去。皆云此一定之理，毋庸多虑”。最后，盛宣怀请求李鸿章支持他的计策，他说：“查泰西各国律法，不通商各埠只许本国轮船行驶，日本亦然。惟我中国因噎废食，则江海之利有与外人公共而无独得者，甚可惜也。今欲开此风气，微我中堂夫子孰能为之，微盛宣怀亦孰肯言之。”李鸿章后来认同了盛宣怀的请求，准许他“试办”内河航运，而且李鸿章因为担心清政府会加以阻挠，还指示盛宣怀可以用“先斩后奏”的办法，先将内河航运搞起来再说（参见夏东元著：《盛宣怀传》，上海交通大学出版社 2007 年版）。

接下来盛宣怀再做顶头上司山东巡抚张曜的工作，禀请张曜同意并支持他的计划，说：“傅相拟照各国所据通商口岸，试行浅水民轮船，以收自有之权利，但于陆路厘金恐有损碍。现查东海各口陆路不收厘金，莱州草帽缏等货均由旱路至烟，商苦不便，曾与傅相函商，拟用浅水轮船一二只驶行，将土货驳至烟台，再行过载，藉兴商务，其名曰‘华民驳货轮船’。悉照民船看待。昨过沙河与商人筹议，共相喜悦。傅相会即具禀试办，应请示。”张曜毫不犹豫地批准了他的请求，因此他就具体深入到登莱青属区内开始做细致入微的调查研究，以便内河轮运尽快办起来。一年之后，他便致书李鸿章，更加详尽地阐述了他要创办内河轮运的想法与目的："职道盛宣怀去年到任以来，察看山东海口情形，与天津上海各口情形俱不相同，烟台为通商口岸，而进出货物皆须由陆路驼运，山路崎岖，运费繁重。凡司关榷，总求土货出口多多益善，不仅为关税起见，盖土货出口多一分，则现银入华多一分也。登莱青半属山地，民甚贫苦，以草帽缏为生计，由陆路运至烟台，每百斤需钱三四串，一遇风雪，难免潮变，帆船险阻，盖难尅期，商民久以为苦。近来日本知我以土产不值钱之麦草，可易西人之重利，加意仿照编制，花样愈出愈新，该国官长切实讲求，货何如为美，运何如为便。彼产日多，则我产日滞。是以职道正月间赴济南，道出莱州之沙河镇，即传草帽商人杜荫溥、徐克敏等来见，与之讨论帽缏花样必须求精，价目必须公道，方免为倭商所夺。该商等佥称，运道实属艰难，如能准用小轮船，由虎头崖、太平湾驳运，则半日可到烟台，水脚又省、运程又快，并可售去帽缏，买回别货，实为商民之便。"在李鸿章和张曜的支持下，在盛宣怀的积极筹划下，山东内河航运很快就创办起来了。山东办内河航运开了头，后来广东、台湾等地也在盛宣怀及招商局的策划下，很快开了内河航运（参见胡泽著：《政商奇才盛宣怀》，商务印书馆国际有限公司 2015 年版）。

在登莱青道任内，关注经济发展问题的盛宣怀还曾在烟台试铸银币，他曾经报告张曜说："职道到烟以来，募匠试铸，总以钱可适用，银不亏耗为主。"盛宣怀将试铸的银钱送给李鸿章验看，李鸿章回答说："银洋钱花纹甚佳，此事造端宏大，非农部同心主持，不能开办。得人尤难。钢模应缓制。"（薛毓良著：《钟天纬传》，上海社会科学院出版社 2011 年版）铸币问题影响到国家币制，不是一位中级官员所能够承担得起的重任，也不是李鸿章一人所能够决定的，盛宣怀的尝试因而作罢。此外，登莱青道任内非常关注民生问题的盛宣怀还筹备商议创设葡萄酒厂。这个葡萄酒厂尽管在他任期内没有开办起来，不过终究因为他的动议与筹划，在他离任几年后就兴办起来了。他在光绪二十一年（1895）给王文韶的信中提及了此事："在东海关任内，查得烟台、天津、营口等处所产葡萄可照西法酿酒，曾与广南槟榔屿领事、三品衔候选知府张振勋筹商创造，并于上年延请酒师到烟台试造，尽合外洋畅销。……酒厂名曰'张裕公司'，集华商资本。"盛宣怀在登莱青道任内，还有一事必须提及，那就是开设拯济局，用来抢救落难船只。光绪十三年六月初一（1887 年 7 月 21 日），山东荣成县海岸有名为"保大"的轮船因故失事，该地村民趁机乱抢乱捞。事情发生之后，盛宣怀暗访看到"所辖境内海线广袤，岛礁林立，航行偶一失事，居民肆掠，相习成风。沿海编氓，

晚清军机大臣——王文韶

有以抢滩为生业者”，因而他就向张曜与李鸿章报告，“请重申总理衙门奏定保护中外船只遭风遇险章程，实力整顿”(《保护中外船只遭风遇险章程》)。后来盛宣怀获得张曜命令，很快拟定保护遇险船只章程6条，通过张曜上奏，奉旨遵行。盛宣怀乘势设立了轮船失险拯济局，自己“捐廉集资，广置舢筏，遴派能冒艰险之员，购募善泅夫役，部勒梭巡，闻警立赴，估舶渔舟借以出险者，无岁无之”。拯济局在保护遇险船只与人民生命财产方面，起了很大的推动作用（参见常州图书馆：《亦商亦官的中年生涯》,《常州文史资料之十大名人资料——盛宣怀》)。

盛宣怀在登莱青道任上过了6年，李鸿章接着就奏准调任他正式做了他认为“地方洋务关系钜要”的天津海关道，李氏在上给清廷《盛宣怀调津关折》中这样评价盛宣怀自19世纪70年代以来的经历：“兹查有头品顶戴东海关监督登莱青道盛宣怀，江苏武进县人，自同治年间奏调军营，随臣到直，历办海防洋务，均能洞中叠要，叙经委署天津道海关篆，措置裕如。光绪十二年（1886）六月奏旨简放东海关道，该道志切匡时，坚忍任事，才识敏赡，堪资大用。前委创办轮船招商局，两次收回旗昌各轮船码头，并增置新船多只，历年与洋商颉颃，挽回中国利权，关系通商大局，该道力任艰巨，为人所不能为。又光绪六年（1880）以来，随臣创办电线，绵亘十七省，腹地以迄东三省、朝鲜、新疆各处，东与俄罗斯、日本，南与法、英、丹各国，水陆线相接，遇有军国重要事件，消息灵捷，均赖该道心精力果，擘画周详。”相比过去经办成功的一些事，李鸿章对盛宣怀更加认同和赞许了。

早在春秋以前，我国就开始了铁的冶炼和应用。到明、清时期，土法冶炼之炉几乎遍及全国。清末，广东全省就有铁炉不下五六十座，山东省从事冶铁业的也有 8 处之多，铸铁及熟铁的年总产额达 12.5 万至 13 万吨。但由于中国的冶铁技术落后，致使土法所炼之铁不能用来制造高级的制造品。

而英国从 18 世纪中后期开始，冶炼技术就在不断进步，把英国变成了近代世界中钢铁工业发达的国家，也是最早用机器生产机器的国家，为后来英国成为“世界工厂”奠定了基础。

从 18 世纪末到 19 世纪三四十年代，欧美主要资本主义国家已相继完成工业革命。第二次鸦片战争后，西方工业品开始大量涌入中国。由于中国土铁质量十分低下，制造农具及其他工具时都采用英国铁，以致外国钢铁进口逐年增多：

查光绪十二年（1886）贸易总册所载，各省进口铁条、铁板、铁片、生铁、熟铁、钢料等类共110余万担，铁针180余万密力，每一密力为1000针，合共铁价、针价约值银240余万两；而中国各省出口者，铜、铁、锡并计数十担，约值银11.8万余两，不及进口1/20。至十三年（1887）贸易总册载，洋铁、洋针进口值银213万余两；十四年（1888）贸易总册载，洋铁、洋针进口值银至280余万两。而此两年内，竟无出口之铁，则是土铁之行销日少（戴逸主编：《中国近代史通鉴》第三卷，红旗出版社1998年版）。

据估计，中法战争以后“中国岁销洋铁值五百万金”。面对这种局面，张之洞惊呼：“再过数年，其情形岂可复问！”（张之洞撰：《张文襄公全集》，中国书店1990年版）张之洞认为，钢铁是军械、轮船等工业的重要原材料，一直依赖外国进口，非长久之计。他预见到近代化企业对钢铁的需求量会大大增加，并认识到钢铁工业是富强的基础。

他说：“窃以今日自强之端，首在开辟利源，杜绝外耗。举凡武备所资，枪炮、军械、轮船、炮台、火车、电线等项，以及民间日用、农家工作之所需，无一不取资于铁。……前因洋铁充斥，有碍土铁；经臣迭次奏请，开除铁禁；暂免税厘；复奏免炉饷，请准任便煽铸，以轻成本而敌侵销；多方以图，无非欲收已失之利，述之于民。”（参见夏东元著：《洋务运动史》，华东师范大学出版社 1996 年版）

在这种思想的指导下，张之洞决心自行设厂，购置机器，精炼钢铁。

光绪十五年（1889），张之洞调任湖广总督，创立了官办的汉阳铁厂。在筹建之初，张之洞也曾有过与盛宣怀合作的意图，后来因为在铁厂的选址和经营方式等问题上存在分歧，两人就未联手。

双方的分歧首先在勘矿上。光绪十五年（1889）十一月二十三日，盛宣怀在所上李鸿章和张之洞的《筹拟铁矿情形禀》中已流露出勘采江苏徐州利国铁矿、煤矿的意思。张之洞则表示应选择离湖北较近的煤铁矿，双方分歧已初露端倪。这年底，张之洞札委知府札勒哈哩等查勘大冶等处煤矿，他指示：“如大冶附近无煤，即溯江上驶，直抵宜昌以上至归州、巴东一带川省交界止。”（张之洞撰：《张文襄公全集》，中国书店 1990 年版）并致电盛宣怀，表示“利国矿诚佳，但远鄂，且运河多涸”，不拟派人勘探。盛宣怀接到上述电文后，给张之洞连发 5 份电报，一方面表示对将大冶作为铁矿无异议，也表达了自己督办铁厂的强烈愿望；另一方面劝说张之洞在下游勘探煤矿。但张之洞竭力将勘测范围限制在两湖地区，不愿勘采利国及其他下游地区矿产，而盛宣怀则力图将勘采煤铁之事扩大到长江下游地区。

两人的分歧之二是张之洞主张官办，而盛宣怀主张官督商办。集商股商办企业较有生命力是盛宣怀一贯的思想。在《筹拟铁矿情形禀》中，盛宣怀主张铁厂应商本商办。而张之洞则电告李鸿章称“盛道前在沪具一禀，所拟办法与鄙见不甚同。商股恐不可恃，且多胶葛”(《致京李中堂》),显然是反对商办的。官办、商办的根本区别在于权利谁属的问题，若官办，权利在张之洞手中；若招股商办，因盛宣怀是当时公认的招商股经营洋务企业的权威人士，他自然会对铁厂有较多的干预权和发言权。与官办商办相关联的是厂址的选择问题。张之洞力主冶铁厂设于坐在总督衙门就能看到烟囱的大别山下，上游当阳一带的煤顺流而下，下游大冶的铁砂逆流而上，正好合于汉阳所设的铁厂。盛宣怀则认为汉阳与煤铁产地距离太远，运费太高，必不能敌洋料，力谏当“就大冶明家山开煤、黄石港设炉”，煤铁一处，节约运输成本。在厂址的选择上，向来论者多扬盛贬张，而且后来铁厂的燃料主要依靠萍乡煤的实践证明，大冶的煤仅限于小规模的钢铁生产，而在当时运输能力薄弱的情况下，张之洞取萍乡煤长途逆流至汉阳，代价也是很高的。

在半殖民地半封建的近代中国，官办和商办的分歧不仅是单纯的管理形式的区别。盛宣怀坚持商办，因为商人天生逐利，必然会处处打算，追求货美价廉。官办则不然，由于款归官拨，企业的经营者与工厂没有直接的利益关系，必然会首先考虑清王朝的统治利益，而不会服从客观经济规律。所以，盛宣怀和张之洞的分歧是由他们办企业的目的决定的，目的不同又决定了他们能否按经济规律办事，最终也决定了企业的成败。

两人的分歧之三在建厂步骤上。盛宣怀一贯认为应当先煤后铁，他说："煤成不怕铁不能炼，鄂省先办铁而至今未开煤矿，这与养牲口而不蓄草料有何差别？"显然是对张之洞的做法提出异议。盛宣怀也曾打算在江苏另建煤铁近便的利国铁厂，后因曾国荃去世未能实施（参见胡泽著：《政商奇才盛宣怀》，商务印书馆国际有限公司 2015 年版）。

鉴于这些分歧，盛宣怀后来就没再参与铁厂的筹建工作，但对矿务有着极高热情的他仍在时时关注着铁厂的发展。张之洞达成了自己的办厂意愿，但是没过多久，张之洞接到海署通知说，清廷决定暂时搁置卢汉铁路的修筑，先办关东铁路。铁厂销路顿时成了问题，前途也笼上了一层阴影。张之洞忧心忡忡，急忙致电李鸿章询问关东铁路打算用哪里的钢铁，李鸿章也未能给出明确的答复。

张之洞一面加紧筹备建设铁厂，力争早日炼出铁轨，一面积极与海署、李鸿章往返电商，尽力劝说李鸿章选用鄂省产品。张之洞从矿产分布、交通运输及管理等方面向李鸿章解释运煤就铁的缘由，并引从前矿师郭师敦的勘矿意见作为依据，向李鸿章表示打算在铁矿附近开设铁厂。李鸿章到后来也大体同意了张的择址意见。

光绪十六年（1890）初，张之洞在武昌成立湖北铁政局，委派蔡锡勇为总办，厂址选定汉阳。清廷户部每年拨银200万两，光绪十六年（1890）底铁厂动工，光绪十九年（1893）底大致完工，包括铸铁、打铁、机器、造钢、炼熟铁等6个大铁厂、4个小厂，2座炼钢炉，有工人3000人，雇用外国技师40人。德国技师在大冶县勘察，发现此处铁矿石丰富，并露出地面，矿砂含铁质为64%左右，每年开采1万吨，可供开采200年。为了解决燃料问题，他又先后下令开发大冶五三石煤矿、道士洑煤矿、江夏马鞍山煤矿。但煤质不佳，后改购湖南煤。光绪二十年五月二十五日（1894年6月28日），该厂生铁大炉开炼（参见白寿彝著:《中国通史》，中国友谊出版公司2016年版）。

汉阳铁厂是亚洲第一家集冶铁、炼钢、轧钢于一体的现代化钢铁联合企业，比日本的八幡制铁所还早办了 7 年。一个日本人曾经写过一篇报道，描述了炼铁厂的宏伟："登高下瞻，使人胆裂；烟囱凸起，矗立云霄；屋脊纵横，密如鳞甲；化铁炉之雄杰，碾轨床之森列，汽声隆隆，锤声丁丁，触于眼帘、轰于耳鼓者，是为 20 世纪中国之雄厂耶！"美国驻汉口领事查尔德称："这企业是迄今日为止，中国以制造武器、钢轨、机器为目的的最进步的运动，因为这个工厂是完善无疵的，而且规模宏大，所以就是走马看花地参观一下，也要花几个钟头。"张之洞自称"今日之轨，他日之械，皆本乎此。总之将来军旅之事，无一仰给于人"（参见冯天瑜著:《张之洞评传》，南京大学出版社 2011 年版）。

张之洞创办汉阳铁厂，第一，引进外国先进的设备、技术和人才。光绪十五年（1889），他从英国购进炼铁厂的全套设备，后又添购了钢铁器具零件、炼钢扇风机、

汉阳铁厂生产的钢轨

配用锅炉机器等。他还大胆地聘请了外国总管、工程师、地质师、矿师等 40 多人。第二，积极建立自己的科技人员队伍。张之洞在创办汉阳铁厂的过程中，深感培养技术力量的必要性，他经常派华工到国外学习，并在湖北兴办了自强学堂、工业学堂等。光绪二十八年（1902）他派 31 人赴日留学，后又派 91 人赴美、德、法、俄学习。这些措施为汉阳铁厂乃至钢铁业培养了大量的人才。第三，独立地掌握着企业的用人、理财、决策大权。张之洞为了解决汉阳铁厂的产品销路问题，奏请清廷，由汉阳铁厂提供正在筹建中的卢汉、粤汉与川汉铁路所需的材料。这表明张之洞已经迈出了建立中国独立的工业体系的第一步。

汉阳铁厂的建立，标志着中国第一个钢铁基地的诞生，具有重要的意义。首先是在一定程度上抵制了外国资本主义的经济侵略，多少扭转了洋铁充斥的局面。正如张之洞所说："在我多出一分之货，即少漏一分之财，积之日久，强弱之势必有转移于无形者。"（张之洞《筹设炼铁厂折》）其次是推动了中国重工业的发展。张之洞在筹办汉阳铁厂的过程中，培养了一批掌握近代钢铁生产技术的新型人才，同时也培养了大批的钢铁工人，为中国重工业的发展准备了条件。最后，汉阳铁厂的建立，也推动了煤、铁矿的开采，客观上推动了民族资本主义工商业的产生。

2. 铁路工业的不易

19 世纪 90 年代，世界资本主义强国已经发展到了帝国主义阶段，垄断代替了自由竞争，资本输出有了特别重要的意义。甲午战争后，帝国主义侵略势力有如狂潮恶浪一般涌进了中国。为了谋取资本输出的最大利益，它们擅自在中国划分“势力范围”、抢夺“租借地”和修建铁路线。

帝国主义侵略者侵略中国的步骤是：首先利用战后清政府所处的外交和财政困境，胁迫其接受财政贷款，以便从中索取多项特权，特别是铁路权；然后通过它们设在中国的银行的直接投资或贷款来实现它们所获得的特权；接着就是凭借已经取得的铁路权来建立各自的“势力范围”，并在此基础上加深和扩大侵略，索取更多的特权。帝国主义代言人欧弗莱区追述道：“在强大的压力下，中国人第一次答应开放某些口岸作为他们与世界接触的地方。列强在口岸的立脚点刚刚站稳，即开始领土的掠夺；列强先是一再要求更多的通商权利，到后来就开始了它们为争夺利益范围和铁路特权的坚定而一致的活动。”（鲜于浩、张雪永著《保路风潮——辛亥革命在四川》，四川人民出版社 2011 年版）

光绪二十二年（1896）四月，俄国诱迫清政府签订了《中俄密约》，八月初签订了《合办东省铁路公司合同》，攫夺了东三省铁路的修筑权和经营权，以及其他各种特权。从此以后，帝国主义列强在中国大肆抢占港湾，抢夺铁路修筑权。各国资本集团，如美国的华美合兴公司，比、法资本家合组的比利时银公司和铁路电车公司，英国怡和洋行和汇丰银行合组的中英银公司，英、意两国合组的福公司，英、法两国合组的华中铁路公司，纷纷向中国强索铁路贷款权。

中国建铁路始于清光绪年间。早在第二次鸦片战争后，帝国主义列强就积极谋求在中国修建铁路，企图借此以扩大在华殖民利益，铁路的战略价值逐渐为中国朝野所认识。洋务派官僚在兴办洋务事业的过程中，最先认识到了铁路的经济价值和战略价值，他们把修筑铁路作为谋求富强的重要措施之一。

同治十三年（1874），李鸿章向朝廷奏呈《筹议海防折》，提出“火车铁路，屯兵于旁，闻警驰援，可以一日千数百里，则统帅当不至于误事……”此折上去，在朝大臣均不置可否，总理衙门无人敢主持此事，保守派的“铁路开，山川之神不安，即旱潦之灾易召”等谬论乃大行其道。10年前，那场关于京师同文馆是否应设天文算学一科而展开的激烈争斗，仍嚣声在耳，于洋务一直懵懵懂懂的两宫皇太后，“亦不订此大计”，于是就采取了最“高明”的态度：绝口不谈。

心急火燎的李鸿章只好求助于总理衙门大臣、恭亲王奕䜣，就是帮助慈禧太后发动北京政变的那个光绪帝的六叔。奕䜣是清王朝的衮衮诸公中洋务细胞较为活跃的一位，他在很长一段时间内，实际上充当了李鸿章的主心骨。他应属于“睁开眼睛看世界”的杰出人物之列，因主张学习洋务，还获得了“鬼子六”的雅号。只是他后来在皇室的处境和地位，不容他过于张扬。李鸿章对奕䜣“极陈铁路利益，请先试造清江至京，以便南北转输”。“鬼子六”一脸苦涩，他明知铁路为自强要策，心实与李鸿章相通，但他不能在朝廷里树敌太多，还指望李鸿章等人能够“自下而上”地“运动”呢。可怜的李鸿章百无良策，又不甘束手待毙，只好“阳奉阴违”，在底下首先搞点小动作，其他事以后再说。因此，首先拿唐山的煤铁矿区作为试点，开始修筑一段运送煤矿的铁路。然而这一局部铁路同样耗费了他九牛二虎之力。光绪四年（1878），由开平煤铁矿务总办唐廷枢出面奏请，要求清政府修筑运煤铁路，由矿务局自己出钱，不过因为遭到守旧朝臣力谏阻挠，并没有修成。光绪六年（1880），由唐廷枢第二次出面“泡蘑菇”，提议自胥各庄到涧河口开一运煤河道，同时在唐山煤井到胥各庄修筑一条连接河道的轻便铁路。为了避免守旧朝臣的愚昧非议，声明该铁道不设置火车机头，而用驴马拖载，这样才得到了“恩准”（参见梁启超著：《李鸿章传》，长江文艺出版社 2016 年版）。

李鸿章当然不会满足于驴马拖载的车皮在铁路上缓行，几经斡旋，他得寸进尺。光绪七年五月十三日（1881 年 6 月 9 日），中国自造的第一条铁路唐胥铁路（唐山至胥各庄）终于开始动工兴建，全路总共才 10 公里长，采用每米 15 公斤的轻型钢轨，但用由英国工程师金达设计、而由中国工人自己制造的“龙号”蒸汽机车（火车头），这就是中国人的第一条铁路（1965 年，中国铁路界经政府核准 6 月 9 日为铁路节）。但在当时，就这么一条短短的运煤铁路，保守派也视为洪水猛兽，以“机车直驶，震动东陵，且喷出黑烟，有伤禾稼”为

唐胥铁路上的“龙号”蒸汽机车

名，下令禁止使用火车头，运煤车皮再次被驴马拖拽而取代。直到光绪八年（1882）才恢复使用机车牵引。

光绪六年（1880）底，前直隶提督、当年李鸿章的淮军名将刘铭传来到北京，向朝廷呈奏了《请筹造铁路折》，重提修筑铁路之事。他指出："中国与外国通商以来，门户洞开，藩篱尽撤，自古敌国外患未有如此之多且强也……自强之道，练兵、造器固宜次第举行，然其机括，则在于急造铁路。铁路之利，于漕务、赈务、商务、矿务、厘捐、行旅者，不可殚述。而于用兵一道，尤为急不可缓之图。"他主张可举借外债开造铁路，具体做法，尤其主张先造清江至北路这段。朝廷大员一看即知，这是在重弹李鸿章 6 年前的老调，实际上这也确是配合李鸿章苦心筹划的"自下而上"的"运动"而已（参见姜正成主编：《中华商圣系列：实业之父盛宣怀》，中国财富出版社 2015 年版）。

想不到刘铭传这一奏折在清廷内部再次掀起轩然大波，围绕该不该修造铁路一事，洋务派与保守派纷纷上奏，各执一词，针锋相对，各不相让。这场波及全国上下的大争辩，其意义表面在于铁路，而实质在于开放，引进新技术、新事物，这与 100 年之后的那场关于"真理标准问题"的大争论一样，关系着中国的命运。其中赞同修筑铁路的主要有直隶总督李鸿章、两江总督刘坤一、陕甘总督左宗棠、总理海军事务衙门大臣奕谡等人；反对开造铁路的主要有通政使司参议刘锡鸿、内阁学士徐致祥、陕西道监察御史张廷燎、太仆寺少卿延茂等人。前者以清政府封疆大吏为主，后者是以清廷在朝大臣为主。后面这些人整天待在紫禁城内，两耳不闻城外事，只抱着祖宗章法行文断事，振振有词地迷惑皇帝和太后，就连光绪的老师，后来以鼓动“新政”出名的翁同龢老夫子，当时在读了刘锡鸿反对修筑铁路的奏折后，也在日记中写下了如此评语：“看刘云生奏铁路不可修状，言言中肯。”（《中国近代史纲要》，高等教育出版社 2009 年版）

这帮老顽固存心捣乱，可害苦了洋务派大员。可怜的李鸿章光动口不行，就只得动手了。他终于想出一条“妙计”：让西太后亲眼见识一下火车究竟是个啥玩意儿，让她亲自体验一下火车的神奇魅力，或许对于推动铁路的兴造有利。

于是他建议在慈禧太后居住的西苑（北、中、南海）建造一条小铁路，由法国商人全额赞助，让皇亲国戚全都感受一下，开开眼界，算是铁路交通的高层启蒙教育。光绪十四年（1888）底（此时距李鸿章的《筹议海防折》已过去了 14 年），皇宫西苑里，从中海紫光阁、时应宫、福华门进入北海阳泽门北行，直到极乐世界东转，抵达镜心斋，出现了一条长 1500 米的微型铁路。法商还提供了一台机车和 6 节车厢。这条吐着白烟的黑色巨龙风驰电掣，为皇家园囿首次吹进了现代化的劲风，着实令那些从未见过火车的皇亲大臣开了眼界。慈禧太后是聪明人，从此悟得这个世界的轮子的确是转得快了，从而由不置可否的态度转向明确地支持修铁路。李鸿章的一番苦心，总算是没有白费。

5个月后，清廷发布了第一个关于兴办铁路的正式文件，内称铁路“为自强要策，必应通筹天下全局……但冀有益于国，无损于民，定一至当不易之策，即可毅然兴办”(《清实录·光绪朝实录》卷二百六十九)。这一文件的发布，宣告了长达10年的清廷上层关于是否应修铁路的大论战的结束，宣告了以李鸿章为首的洋务派的胜利。与此同时，李鸿章业已先斩后奏，以运煤为理由，开造了唐胥铁路和津沽铁路。尽管唐胥铁路才10公里长，后来修到芦台，也才42.5公里，津沽铁路也仅87.5公里，但这都是在清廷的愚昧无知和保守派的不断攻击、阻挠下，硬着头皮苦干出来的。至于李鸿章精心策划的那个广告——中南海里的小铁路，后因慈禧太后讨厌宫闱大内中火车的声响，所以列车就不再用火车头牵引，而改为由太监们拉着在轨道上滑行了。现在人们尽可以去自由地驰骋想象，那该是铁路上一道何等可笑的奇观！大清王朝关于禁修铁路的牙关终于被撬开了，这是值得大书特书的一件事。李鸿章开风气之先，修造了几条铁路，最长的一条也仅 348 公里（关东铁路的一部分），而盛宣怀面对的是幅员辽阔的国土，要修纵贯南北的铁路大动脉，一无资金，二无技术，三无人才，实在是要他充巧媳妇为无米之炊。而且，李鸿章办铁路的初衷是要图振兴自强，作为臣子，是要维护大清朝摇摇欲坠的风雨破庐。谁又能料想得到，后来却引出了“保路风潮”，清廷又拿他来问罪，最终导致了清廷的覆灭。

甲午战败后，清廷在日本人坚船利炮的胁迫下，签署了屈辱的《马关条约》。李鸿章去签约时还挨了枪子儿，最后的谈判和签字，不得不由其长子李经方代其完成。在具体履行条约、办理割让台湾的手续时，李经方任商办割台事件特派全权委员，与美国人科士达同赴台湾，遭到台湾人民的强烈反对。他们一行人不敢登陆，只好匆匆忙忙地在基隆口外的日本军舰上画押交割，从此他们父子盛极转衰，从“中兴之臣”的峰巅，落到了卖国贼、“李二先生是汉奸”的境地……国事日非，眼看清廷这座漏屋不堪裱糊了，盛宣怀又失去了几十年来最有力的提携者、支持者，不由得有些心灰意冷，打算告老还乡了。

然而，清廷不允许他走。此时国内舆论在甲午战败的刺激下，变法图强的呼声日高，而图强的首要之策即大举兴办铁路。此时的问题已不是要不要办铁路，而是由谁去办和如何去办的问题了。盛宣怀在失去李鸿章这个后台之后，又得到了张之洞和王文韶的支持，这样一来，他便被历史推到了兴办全国铁路的前沿。

3. 万人之上的总办

早在光绪十五年（1889）张之洞就公开主张兴修铁路。光绪二十二年（1896），张之洞在和直隶总督王文韶讨论酝酿由谁来主持修筑铁路的问题时，便向王文韶表示了他属意于盛宣怀的想法，并清楚地说明了原因：

> 环顾四方，官不通商情；商不顾大局；或知洋务而不明中国政体；或易为洋人所欺；或任事锐而鲜阅历；或敢为欺谩但图包揽而不能践言，皆不足任此事。该道无此六病，若令随同我两人总理此局，承上注下，可联南北，可办中外，可联官商（参见冯天瑜著：《张之洞评传》，南京大学出版社 2011 年版）。

这是对盛宣怀惟妙惟肖的刻画。盛宣怀也毫不掩饰地说："聪明才智之士，莫不避难就易，避险就夷，皆各思安坐而致尊荣，不肯历患难而希勋业，此尤人心风俗之忧，而为富强大局之弊也。"意思说：聪明的人在此乱世都不愿艰辛历险去创业，只有他盛宣怀是不怕艰难险阻为富强而奋斗的人。盛宣怀认同张之洞向王文韶说明的属意于他的原因，而他任铁路之事则出于“宣本不敢担荷，但念华商无人领袖，若一推让，恐厂与路皆属洋商，贻后来患。反复思维，人生百岁耳，事机易失，既有把握，曷不放手为之”的考虑。盛宣怀以“足任此事”而自诩，事实也确是如此，从当时的情况看，清政府要兴修卢汉、粤汉等铁路干线，而能克服巨额资金筹措、上下掣肘，各省督抚阻碍等困难者，真正是非盛宣怀莫属（参见夏东元著：《盛宣怀传》，上海交通大学出版社 2007 年版）。

盛宣怀、王文韶素有师生之谊，王文韶对盛宣怀早已推崇，接到张之洞的信后，两人一拍即合。七月二十五日，张之洞与王文韶联名奏请开设铁路公司，保盛董其事：

> 中国向来风气，官不习商业，商不晓官法，即或勤于官、通于商者，又多不谙洋务。惟该员能兼三长，且招商、电报各局著有成效。今欲招商承办铁路，似惟有该员堪以胜任（《参见夏东元著：盛宣怀传》，上海交通大学出版社 2007 年版）。

光绪二十二年九月十四日（1896 年 10 月 20 日），

清政府下达了“直隶津海关道盛宣怀着开缺，以四品京堂候补督办铁路总公司事务”的上谕。王文韶随即给予鼓励,赠以“竖起脊梁立定脚,拓开眼界放平心”(梁章钜等撰:《楹联丛话》，中华书局 1987 年版）的贺词。于是，盛宣怀走马上任了。此后盛宣怀便追随张之洞兴办铁路和铁矿等洋务企业。

甲午战争中清政府的失败，使朝野各方顿时觉悟到国家形势的严峻和国防的紧迫。在民族危机日趋严重的特殊历史条件下，铁路因“在战略上有完备铁道网普及全国，且各线皆能直达输运为国防工具所必备之条件”，而在利军运、固国防、御外侮方面的作用日益明显。所以对于建筑铁路，顽固派也不再如以前那样反对。

光绪二十二年（1896）九月，盛宣怀奉命入京，于九月十三日（10 月 19 日）接受光绪皇帝召见。其子盛同颐记述父亲此次受皇帝召见时间为一小时左右，盛宣怀向皇帝进言:“敷陈大指，谓皇上深维至计，创兴南北铁路，顾铁路所以速征调通利源，为自强之一端，非干路既成，即可坐而竣其强也。泰东西诸邦，用举国之才智以兴农商工艺之利，即藉举国之商力以养水陆之兵，保农工之业。盖国非兵不强，必有精兵然后可以应征调，则宜练兵。兵非饷曷练？必兴商务，然后可以扩利源，则宜理财。兵与财不得其人，虽日言练，日言理，而终无可用之兵，可恃之财，则宜育才，故筑路与练兵、理财、育才，互相为用。甲午战后，各国益易视我，以中国之大，兵弱财殚，人才消乏如此，何以雪耻？何以图存？”(《皇朝经世文编卷一百三十》)光绪皇帝召见盛宣怀的第二天便发上谕“直隶津海关道盛宣怀，开缺以四品京堂候补，督办铁路总公司事务”。自觉感受到皇帝隆遇的盛宣怀于两天之后的九月十六日，向皇帝呈上一份《条陈自强大计折》，将召见时自己对皇帝陈述的意见详细地阐述在这份呈折中。这一天，盛宣怀在京拜见了自19世纪60年代以来洋务运动在中央的主持人恭亲王奕䜣。奕䜣在中法战争时被西太后借口“萎靡因循”罢去了一切职务，而在甲午中日战争中重又被起用，任总理衙门大臣等职。盛宣怀以奕䜣“当国久，富经验，讽以主持振作，勿再因循”。次日，奕䜣对翁同龢言：“昨儿为盛某所窘。虽然，有心人也。”从张之洞、王文韶的保荐和光绪皇帝的召见以及被任命为铁路总公司督办

恭亲王奕䜣

到恭亲王奕䜣的肯定等事件看来，盛宣怀已经获得督抚等封疆大吏以及中央高级官员等几乎所有人的好感和信任，自然这一切是以他主持和掌握了国民经济基础的命脉轮运、电报、矿务、铁路等实业作为前提基础的，因为他掌握与主持的实业越多，清政府也就愈依仗他提供实力帮助。就在他被委任为铁路总公司督办之后10天，他就被清政府授予太常寺少卿的荣誉，并享有专折奏事的特许权利，也就是能够直接与皇帝对话了。

盛宣怀就此离开了担任4年的津海关道与津海关监督之职务，升职为中国铁路总公司督办，光绪二十二年（1896）十一月，盛宣怀会商张之洞，认为“天下华商以上海为会归”，将铁路总公司设立在上海，又在天津与汉口设立了两个分公司，并奏明首先筑造卢汉干路，其余苏、沪、粤、汉路依次展造，不再另行设立公司。盛宣怀对在中国修筑铁路的困难已经有了足够的认识，公司设立后一个月，他就在给两江总督刘坤一的信中聊到了这些困难，说铁路修筑这件事“在泰西为易办，中国则有三难。一无款，必资洋债；一无料，必购洋货；一无人，必募洋匠……风气初开，处处掣肘”。不但修筑铁路的钱、物、人才三者中国一样也没有，加上守旧的社会环境还“处处掣肘”，困难太大了！盛宣怀表明自己的态度：“惟有坚忍，力持得步进步，渐图成效。”（参见彭南生著：《收路与保路：清末川路风潮中的盛宣

怀和四川官商》,《江苏社会科学》2013 年第 6 期)

修筑卢汉铁路这样大规模的铁路工程，华商没有这个资本，自然只有靠洋资，不过，借洋债和招洋股却有明显不同的后果。当时政府的倾向是以“洋商入股为主脑”，李鸿章也以“洋债不及洋股容易”，均认为招洋股为宜，然而盛宣怀却坚持借洋债而不招洋股，他致信王文韶陈明自己的理由 :“所议借洋债与招洋股，大不相同。若卢汉招洋股，鄂、豫、东、直腹地原不至遽为所割，但此端一开，俄请筑路东三省，英请筑路滇、川、西藏，法请筑路两粤，毗连疆域，初则借路攘利，终必因路割地，后患无穷，是何异揠苗助长！若借款自造，债是洋债，路是华路，不要海关抵押，并不必作为国债，只须奏明卢汉铁路招商局准其借用洋款，以路作保，悉由商局承办。分年招股还本，路利还息，便妥。”(参见宋路霞著 :《盛宣怀家族》，上海科学技术文献出版社 2009 年版)借洋债修筑铁路可以做到权归于己，招洋股就恐怕路权最终被洋人掠夺。由于借洋债是由铁路招商局出面，代表招商局的权益，不管铁路经营成败，到时由招商局设法还债就能够完事，和国家没有关系。但是招洋股占到非常大的比重，在国家主权没有独立，国力愈益衰弱的情境下，铁路权也许就会被洋股，也就是被洋人所攫夺。并且不仅仅是路权，洋人还可能因路而抢占地盘，因路而让清政府割让国土，最终危及国家领土的安全。借洋债尽管也有一些苛刻条件，可是和招洋股可能丧失路权相比，风险要小很多。

张之洞非常赞成盛宣怀卢汉路只借洋债而不招洋股的意见，说："惟有暂借洋债造路，陆续招股分还洋债之一策，集事较易，流弊较少。盖洋债与洋股迥不相同，路归洋股，则路权倒持于彼，款归洋债，则路权仍属于我。"（《张之洞全集》）最终盛宣怀决定修筑卢汉路筹措经费的原则是"先尽官款开办，然后择借洋债，再集华股"，并且是"无论议借何国路债，必须先用华款，后用洋债"。因为先用华款自造，造成一段，用路作抵押借洋债，可以免去苛条，"庶可权自我操，不致贻后来无穷之患"。最终卢汉路决定借用比利时款。盛宣怀认为比利时"为小邦，重工业，但斤斤于购料趱工，无他觊觎……其息率亦视他国所索为轻，且允既以铁路作保，无须再用国家名义"（参见陈旭麓著：《盛宣怀档案资料》，上海人民出版社 2016 年版）。经过和比利时商人 4 个月的谈判，盛宣怀和其签订了借款草约，再过 5 个月，正式签约。

光绪二十三年九月（1897 年 10 月），卢汉路汉口到孝感段正式开工，盛宣怀专程从上海奔赴汉孝段工程视事。十一月，由于在汉孝段工程视事劳累过度，又感染风寒，盛宣怀旧疾哮喘病发作。病榻上的盛宣怀接受了清廷特地授予的大理寺少卿衔。正在此时，北京有人密电远在上海的盛宣怀：容闳由天津经清江至镇江修筑一条干线即津镇路的请求，清政府已批准，津镇路名义是集华股而实质是洋股。盛宣怀立即致信王文韶、张之洞，提出对容闳请修津镇路的怀疑说：“容闳在总署呈请办镇江至京铁路，有款1000万，请验！先以100万报效，路成再报效100万？”他怀疑容闳的1000万之款可能来自洋股，如果是华股，那又为什么事先需要报效政府100万，事后再呈报100万呢？他再次肯定地致信王文韶说：“若清江别开一路，则东南客货均为所夺，卢汉将来断不能集华股还洋债。卢汉一路必致停废无成。……中国物力异常艰窘，倘属华商资本，岂能两路并举，徒自争竞！至于报效巨款，其为洋股可知，无论何路皆不可准。饵我小利，必受大害。”（参见夏东元著：《洋务运动史》，华东师范大学出版社1996年版）直到后来，当盛宣怀闻听容闳请修

近代爱国主义教育家、社交家——容闳

津镇路也是得到李鸿章的支持时，他并没有偃旗息鼓，而是直接寄信给总理衙门，慷慨陈词修筑津镇路对卢汉路造成的不利影响："因时局变迁，原难拘执成议，惟卢汉干路内外几经筹度而后定。南连湘粤，西通川陕，东达长江，利，则聚天下之全力以保畿辅；不利，亦可联十余省之精锐以保中原。今若改营镇津，卢汉停办，恐以后各路事权均属外人，无一路可以自主。数十年归还中朝之说，尽属子虚，大局何堪设想！"（参见常州图书馆：《实业活动的巅峰》,《常州文史资料之十大名人资料——盛宣怀》）最终，津镇路因为其他原因被迫停止修筑。

盛宣怀热心造路，有其富国利民的一面，但更不可否认，有其营私自肥的一面。这从他谋得铁路总公司的督办手段可略见一斑。据清代胡思敬《国闻备乘》一书中记述：

盛宣怀办洋务三十余年，电报、轮船、矿利、银行皆归掌握，揽东南利权，奔走效用者遍天下，官至尚书，资产过千万，亦可谓长袖善舞矣。其始起推挽，由李鸿章。鸿章内召，王文韶继为北洋大臣，倚之如左右手。北洋京畿左辅，为洋务总汇之地，湖广总督张之洞忌之。是时卢汉铁路议成，南端由张之洞主政，北端由王文韶。文韶欲保用盛宣怀，恐之洞不从，遣盛宣怀诣武昌探其意旨。之洞办武昌铁政，亏空过百万，方窘迫若知为计。盛宣怀至，许为接办，任弥补。之洞大喜，遂与文韶合疏保荐盛宣怀为督办卢汉铁路大臣……

盛宣怀督办铁路的条件是必须接受汉阳铁厂。盛宣怀对于汉阳铁厂需要投下巨大资金是有准备的，盛自称接收之初就已准备“筹款数百万”。汉阳铁厂在当时早已呈现“外状颤危，人情观坐”的情形，盛愿为此厂投资数百万两，显然也是极大的冒险行为。为了获得张之洞的支持，以求得到铁路督办大臣的位置，竟至愿冒虚掷数百万两的危险，当然意味着铁路督办大臣所能得到的利益,远胜于此了。盛宣怀担任铁路督办大臣 9 年中，经造铁路 5 条，总计这 5 条铁路的全部借款总额，约为英金 1065 万磅。而与洋人办事，例有回佣。盛宣怀在应得回佣之外又增加 0.5% 的提成，5 条铁路借款中盛宣怀共计得中国白银 440 万两。除此之外，尚有赎买材料方面的花样，与督办大臣的巨额薪酬。

民国初年,在北洋政府中有“财神”之称的梁士诒。曾经在盛宣怀离开督办大臣一职后做过“五路提调”，所管的便是盛宣怀筑造的 5 条铁路。据梁士诒年谱所说，这 5 条铁路的借款合同内都规定，铁路督办大臣月支薪水公费银一二千至三四千两不等，照例在总工程费内开支。5 路合计，督办大臣的月支薪水公费，月银 2 万两以上。这在盛宣怀来说，也许是个小数，但若以当时一般官吏之薪额而言，就是骇人听闻的大数目了。至于在材料购买方面，浮报价格收回扣，更是弊窦百出。可以说在盛宣怀所办的各种实业中，是铁路使他致巨富的。

4. 在冲突中的妥协

尽管盛宣怀一直坚持“干路借款自造，支路尽可能华商接造或虽为外人所造也作为中国的支路”的铁路建设方针，但无论是干路还是支路，已经大规模地为列强所蚕食鲸吞（参见臧秀娟文：《盛宣怀与中国早期企业》，《常州日报》2016 年 4 月 24 日）。撇开支路不谈，干路大量借债修建，至 1911 年时铁路干线国有实际上已变为列强所有。

盛宣怀十分警惕帝国主义侵夺路权，在筑路的实践中，必然与帝国主义侵夺路权发生直接冲突。19 世纪下半期起，帝国主义在中国抢占路权之风盛行，盛宣怀描绘说：“吉黑北路已经许俄代造，滇桂南路，法亦来争代造。”卢汉、粤汉等干路，“英、德眈眈虎视，几若不得此不甘心者”。在此情况下，盛宣怀采取紧紧抓住“中权干路”不放的方针。他认为“卢汉一路，乃中国全路之大纲，将来南抵粤海，北接吉林，中权扼要在此，生发根基亦在此。气势畅通，全局自振。”

这个方针是正确的。因为帝国主义从四面八方纷至沓来抢占路权，不可能也无此力量到处交锋，抓紧“中权”这个主要矛盾方面，保住并经营好此路，而后向南北东西伸展，就有可能各个击破，逐步达到收回路权的目的。这不是“扼要在此”“根基在此”吗？这不就能“气势畅通，全局自振”了吗？他力争建立好卢汉这个“中权干路”，不仅与清政府李鸿章的招洋股及他们支持的津镇路修建有矛盾，而且直接与帝国主义侵犯路权发生尖锐的冲突，其中同沙俄最为短兵相接（参见夏东元著：《盛宣怀传》，上海交通大学出版社 2007 年版）。

沙俄在光绪十七年（1891）开始筹建西伯利亚铁路之后，进展极为迅速，它“假道吉黑”直达海参崴。此路修筑完成之后，沙俄必然会扣关内向，要求自己代筑干路，必然要涉及卢汉铁路。这也就损害到盛宣怀的“根基”。“根基”遭受威胁，所有计划接着将全部落空。因此，盛宣怀采取主动进取的姿态，他电告王文韶说：“俄路将至，似应先将榆路造至吉林，待俄路衔接……并分枝（支）路至大连湾，以占水陆地势。归总公司自守权利，勿为俄人代造。”盛宣怀之所以警惕地防俄，是由于俄将直接威胁他“根基”之余，必将进而影响到他的“自振”的“全局”。一直在中央机构任职的陈炽，曾透露沙俄对盛宣怀的威胁说：“俄人将取中旨，创银行，揽华路，禁各国借款。俄谋秘而急，根本可借，他何惜焉！并闻专走内间，与杏翁作对。蹶此兴彼。”银行、铁路都是盛宣怀的禁脔，都是他赖以大发迹的要害部门，岂可让沙俄达到“蹶此兴彼”的目的！盛宣怀为此进行调查，首先去询问李鸿章，李加以否认；盛宣怀自己尽管也说陈炽所言俄“欲包造中国全路，不准借别国款”为“不足据”，但还是很紧张的，故很认真对待此事。从此也可看出盛宣怀与沙俄占路权矛盾之深了。

光绪二十三年（1897）冬，以德国占领胶澳、俄国占领旅大为始点，列强掀起瓜分中国的高潮。面对此形势，盛宣怀及时作出反应，他加快筑路的心情更为迫切。他根据军事、经济需要，强调海路靠不住和陆上能自主的道理，应赶快建通南北的干道，说：“时局日亟，刻不及待。群雄环伺，辄以交涉细故，兵轮互相驰骋，海洋通塞，靡有定期。今海军既无力能兴，设有外变，隔若异域，必内地造有铁路，方可连络贯通。”（《清史稿》卷一百四十九）这是说沿海航路的命运控制在列强手中，只有快建贯通南北的铁路，才能保证运输，应付外变。他还从利权上考虑说：“铁路早成一日，可保一日之利权，多拓百里，可收百里之功效。”故应速办，主张卢汉、粤汉南北同时兴工，“一气呵成”（参见雪珥著：《辛亥：计划外革命》，中国画报出版社 2011 年版）。

以上表明盛宣怀在瓜分危机的新情况面前，与列强争铁路权利抵御外侮的迫切感。待列强在瓜分高潮中抢占铁路权利成为重要目标时，他从自己直接控扼卢汉、粤汉铁路权出发，描绘当时危险情景说，德国已获承办山东铁路利益，局势顿变。俄国已造路于黑龙江、吉林，以为通奉天旅顺之计；法国已造路于广西，以为割滇之计。英国虽至今还无所得，但从各方面证明，其为觊觎粤汉铁路确凿无疑。这对盛宣怀威胁就太大了，因为如英国造此路，直贯其中，将来俄路南引，英轨北趋，虽有卢汉一路，气促权轻，间隔于中，无能展布，且将来甚至为英、俄之路所并。则咽喉外塞，腹心内溃，虽欲讲求练兵制械之法，理财足国之方，亦将无从着手！岂惟不能自强，恐从此中华不能自立（参见《清史稿》卷一百四十九）。多么危迫！坚持粤汉必须自办，而且要“急办”。这个建议，很快于光绪二十四年（1898）正月初五日得到清王朝批准。就在这时，英国提出并与清政府签订《展拓香港界址专条》，盛宣怀提议筑广州至九龙的铁路，以与粤汉路衔接。他与人书云：“九龙铁路我若不造，英必自造，以达省垣，其患不徒在失利！”广九路虽未提上实践日程，却表明盛宣怀的敏锐与远见。

粤路自办既达到目的，“英轨北趋”的威胁解除了，而美、日两国暂时对我无大危害。因此，尽管俄、德、法、英、日、美等国均来叩请筑路，但盛宣怀仍采取了联络英、日、美3国来对付对他危害较大的俄、德、法的办法和策略。盛宣怀清醒地看到："创我国者俄也；助俄为虐者德、法也。"于是他"借商务联英、日兼及美"，以抵制俄、德、法。在当时力量薄弱的条件下，处处路路抵御不可能，采取联络这几个列强抵御或抵消另几个列强的办法，是无可非议的。

然而，盛宣怀在这个问题上表现出了妥协性也是不可否认的。例如，当英人以不得粤汉铁路修建权而抱怨时，他说"断不能使英独向隅"，而打算把"自沪至宁，宁至豫悉归英"修造。后来决定向怡和洋行议借款项修筑，说这是"意在联络英国"。卢汉路他本想借美款，后改借比款，美国以不得卢汉路贷款权而抱怨，盛宣怀说："卢汉比款已到，难改。美若有余力，他路尚可兼办。"这个所谓"他路"没有限止，但他却说过"自粤至京，京至山陕悉归美"办的话，可见其所说的"兼办"的范围之广了。联络危害较小的列强以对付危害较大者的策略是允许的，必要的；给予被联络者一定的利益作暂时妥协也是允许的，必要的。但将如上所说的那些筑路权利给予被联络者，而且事实证明并非互利，这不能认为是应该的，而是妥协性的表现。按照盛宣怀计划，妥协是暂时的，他是从抓紧"中权干路"入手，站稳脚跟以向南北东西延伸。

首先是从卢汉路南进。盛宣怀督办铁路的动议是由卢汉铁路开端的，但在动议之始即有南占粤汉的想法。当他接办汉阳铁厂不久正在酝酿督办卢汉尚未接札委之际，即与得力帮手汉厂总办郑观应商谈过此事。郑除建议铁路必归一手经理，否则“铁厂事宜即退手”的坚定态度外，在盛宣怀取得卢汉路督办权后 3 天，即敦促谋夺粤汉路之权，说:“南路之利，胜于北路”（《郑观应致盛宣怀函》），务必揽办，“毋致别人承揽”，以致“我得其瘠，彼得其肥”。这些话当然也是盛宣怀所想的和所要讲的。当时占夺粤汉铁路的劲敌主要是英国。盛宣怀虽已取得督办粤汉铁路之权，但英国仍哓哓不休地向总署索要此路承筑权，盛宣怀乃采用由“总公司综其纲领”的湘、鄂、粤“三省绅商自行承办”之法以峻拒。他上奏清廷说 :“现在沿海沿边，无以自保，要在保我腹心，徐图补救。若使英人占造粤汉轨道，既扼我沿海咽喉，复贯我内地腹心，以后虽有智勇，无所复施。中国不能自立矣！事机万分危迫，用敢先行据实电陈。”（盛宣怀著 :《愚斋存稿》卷二十，上海人民出版社 2018 年版）粤汉路是腹心之地的干道，不能让帝国主义染指，这是常人皆知的道理，但把失此路权提高到“中国不能自立”的高度，并说“事机危迫”到“万分”的程度，则是盛宣怀等少数人的正确认识。这确实不是危言耸听。这是由于盛宣怀是首当其冲的当事人，粤汉路权被夺直接威胁卢汉权利和粤路督办的地位，是一种责任心和危机感促使他发出的紧迫的呼吁。

盛宣怀不是停留在保证粤汉路不被侵占这一点上，而是主动地对于瓜分危机中列强侵占路权采取对策，及时地提出上、中之策，他说：

> 救分裂之弊宜合纵。故铁路莫妙于专设机关，由国家借各国巨款设总公司合办全国干路，上策也。救联缀之弊宜牵掣。故铁路对于借款营造之国，不与其占夺保护之地相连，以毒攻毒，中策也（雪珥著：《辛亥：计划外革命》，中国画报出版社2011年版）。

光绪二十四年（1898）春，在帝国主义瓜分中国的高潮中，列强抢夺路权，确存在着“分裂”和“连缀”两种情况。盛宣怀的上述对策就是说，不管列强怎么“瓜分”或“分裂”中国铁路的权利，我用商办总公司名义自己筑全国干路，使之成为铁路整体，就能达到保路权的目的；另外，列强所占路权，或贷款营造，它们总是要同其所划分的势力范围连缀在一起，我则尽可能做到使不与其势力范围连在一起。盛宣怀这个用心不为不善，但实际上是很难办到的。

早在19世纪中叶，就有不少有识之士提出开办新式银行，如洪仁玕、容闳、郑观应等，特别是郑观应，他在《盛世危言》一书中，就银行问题进行了那个时代最为详细的介绍，包括银行的重要性和基本制度，建立银行的政策主张等，该书在当时影响很大。最早筹办银行的则是招商局会办唐廷枢，他在福建巡抚丁日昌的支持下，于光绪二年（1876）拟议以股份有限公司形式筹建新式银行，但由于筹集股本不易，虽然制定了99条详尽的试办章程，却没有开办成功。光绪四年（1878），左宗棠试图开办银行，又因受朝议攻击而夭折，后来也有几次筹办银行的活动，但都没有成为事实。

光绪二十二年（1896），盛宣怀从湖广总督张之洞手中接办汉阳铁厂、大冶铁矿，经办卢汉铁路，又被委任督办铁路总公司事务，他感到“铁路之利远而薄，银行之利近而厚，华商必欲铁路、银行并举，方有把握。如银行权属洋人，则路股必无成”（盛宣怀著：《愚斋存稿》卷二十五，上海人民出版社2018年版）。他也深刻体会到铁

晚清重臣——左宗棠

厂、铁路、银行三者之间的统一性，即“今因铁厂不能不办铁路，又因铁路不能不办银行”，办铁厂和修铁路是两项耗资巨但短时间内很难产生经济效益的项目，若没有各方的支持，尤其是金融机构的支持是不成的。在他看来，日本明治维新以来，经济发展很快，其中银行调剂金融是起了很大的作用的，银行是经济的中枢，不可不有；如果能像外国大资本家那样兼顾银行和企业，又能利用政界权力，便能有效地促进企业的发展。这是盛宣怀创办银行的动因之一。

直接引发盛宣怀兴办银行的原因就是外国银行高额利润的刺激，如汇丰银行每年的纯收益自光绪二十年（1894）前的一二百万港元增到光绪二十四年（1898）的 640 万港元。中国境内最早的银行是由英国人创办的，道光二十五年（1845），英国的丽如银行首先在中国香港设立分行，同年又在广州设立它的机构；道光二十八年（1848），该行又在上海正式创办了“东方银行分行”。接着像是花旗、汇丰等世界有名的银行陆续在中国建立分支机构。至 19 世纪末，先后有英、法、德、日、俄 5 国在中国开办了 15 家银行，这些银行的业务包括垄断国际汇点、发行钞票、吸收存款、低利资助外国在华企业，举放与经办高利外债，势力逐年扩增，几乎控制了当时中国所有财政金融的命脉。而当时中国的封建金融机构钱庄与票号，因为自身的局限性，不能够适应经济发展的需要，更没有能力和外国银行相抗衡，以致这些外国银行垄断中国金融长达半个世纪的时间。和洋人争利是盛宣怀一贯的原则，也是他兴办银行的另一个动因，即“合天下之商力，以办天下之银行，但使华行所获一分之利，即从洋行收回一分之权”（清代贺长龄辑 :《皇朝经世文编》卷一）。

然而就在此时，传出海关总税务司、英国人赫德准备组办中英合资银行，要抓中国银行的开办权的消息。盛宣怀急忙给张之洞写信 :“闻赫德觊觎银行，此事稍纵即逝。应否预电总署颇有关系。”他唯恐张之洞认识不清此事的极端重要性，过了几天又写信 :“华商无银行，商民之财无所依附，散而难聚……若是银行权属洋人，则铁路欲招华股更无办法……铁路既以集华股归商办为主，银行似亦应一气呵成，交相附丽。”（袁文伟著 :《中国近代银行之父盛宣怀》,《文史月刊》2006 年第 07 期）

接着，盛宣怀又及时地向光绪皇帝呈进《请设银行片》，申明了在中国开办商务银行的极端重要性和紧迫性，折中尤其强调说 :“西人聚举国之财为通商惠国之本，综其枢纽，皆在银行。中国亟宜仿办，毋任洋人银行专我大利。”（盛宣怀著 :《愚斋存稿》卷一，上海人民出版社 2018 年版）

光绪也知道，这些年办洋务，成果最显著的就数盛宣怀。而办银行与办轮船、办电报一样，不仅眼下没有现成的经验，还面临洋人市场的挤压，现在洋人的银行早已在中国呼风唤雨了，中国才刚刚起步。而且首要的问题仍是集聚华人商股的问题，必须有一官商均信得过之人，登高一呼，才能收到华股云集之效。此事仍非盛宣怀莫属。

因而，盛宣怀就选定8个董事会成员：张振勋、叶澄衷、严信厚、施则敬、朱葆三、杨廷果、严瀠、陈猷。这8个人，都是近代上海滩的响当当的实力派人物。张振勋是南洋华侨巨擘；叶澄衷是五金行业的巨头，号称“五金大王”，在上海以及各商埠都设有支店，又是纶华缫丝厂以及燮昌火柴厂的老板，海上巨富；严信厚原本是李鸿章的旧属，太平天国时跟随李鸿章打过仗，攻占湖州，镇压捻军时他在上海办理军饷与军械，之后又办盐务，任职于长芦盐务帮办，于是以盐务起家，积资巨万，变成宁波通久源轧花厂、通久源纱厂、通久源面粉厂、上海中英药房、华兴水火保险公司、锦州天一垦务公司以及景德镇江西瓷业公司的老板，华商巨擘；朱葆三原本是日商平和洋行的买办，不过后来自己开设商行，从事进出口贸易，获利颇丰，拥有华安水火保险公司、华商电车公司、定海电气公司、舟山电灯公司、舟山轮船公司、永安轮船公司、上海内地自来水公司、上海华商水泥公司、立大以及中兴面粉厂等企业，在华商中非常富有号召力；施则敬也是上海华商中举足轻重的大资本家。此外，严潆与陈猷是轮船招商局的会办，可以带轮局的资本进来；杨廷杲是电报局总办，也能够带大量资本入股。可以预见，此时的盛宣怀，已经将这些大腕人物如数掌握在自己手里。从这个意义上来讲，他不仅代表官方意志，而且说“挟官以凌商”也未尝不可，再说这些大腕也全部愿买他的账（参见袁文伟著：《中国近代银行之父盛宣怀》，《文史月刊》2006 年第 07 期）。

300 万商股看来不费吹灰之力就集结起来了。其中仅轮船招商局就有 80 万两。他又替王文韶留了 500 股的份额，用朝廷里大官投资在这个地方做宣传，来进一步“凌商”，使民心安定，致使商股招集“甚踊跃”。

然而朝廷则常常是三分钟热度，忽冷忽热。盛宣怀一再催促官股的落实，然而不仅迟迟没有下文，反而传出朝廷已批准中、俄两国合办道胜银行的消息，而且据说朝廷已拨款 500 万两入了股。这么一来，已经入股通商银行的商人们议论纷纷，怕朝廷变卦，盛宣怀自然处于非常被动的地位。他一方面加紧向朝廷催促原拟的 200 万两入股银行的官股的落实，一方面给户部左侍郎张荫桓写信。

他在信中对张荫桓说：“俄行已入官股五百万，而中国银行转无官款，不足取信，为外人笑，一经洋商之谣言倾轧，必致众商裹足。”他又强调，向政府借这200万不是作为股份投入银行，而是按照过去办轮船招商局的办法，将此款“存放该银行，按年认缴息银五厘，不计盈亏，六年为限，限满或分年提还，或仍接存”。这种办法“有利无害，而外人知有官款在内，足以取信，可与中俄（道胜银行）争衡”，而且，如无官股，不足以号召各省汇票。张荫桓将盛宣怀的意见转达户部及朝廷（参见宋路霞著：《盛宣怀家族》，上海科学技术文献出版社2009年版）。

就在这个关键时候，官场上又有人对盛宣怀进行弹劾，说他包揽银行、轮船、电报等大权集于一身，全部为了图谋私利等。盛宣怀接连两次向北洋大臣王文韶提出辞职，信中大呼：“似此糊涂世界，何以尚想做事？！”说是干脆准备“挈全眷而返”“举亲耕读，从此再不与人言家国事！”“索性弃官就商，再唱一出大戏，亦不虚生斯世！”（参见宋路霞著：《盛宣怀家族》，上海科学技术文献出版社2009年版）

王文韶做官，人们都说他以圆滑著称。他自然不会允许盛宣怀就此撒手不管。因而他一方面费尽心机为盛氏开脱，在朝廷面前为他美言；另一方面也积极为之催促银行开设所需的官方股款事，最终总算打了一半折扣，原本拟定的200万两变成了100万两，但总算是有了一番表示。

然而人有旦夕祸福，不多久又传来朝廷对办银行有所动摇的消息。如此言而无信，简直不可理喻，国家大事已经完全乱了章法。盛宣怀此时强自隐忍着愤怒，再次耐心地向总理衙门细心阐述，指出中国通商银行势在必行，“中外早已传扬，若届期不开，失信莫大于是。商股必致全散，以后诸事万难招股，不仅银、铁两端也！”他孜孜不倦，经过艰苦与反复的努力后，这个几欲流产的中国第一个银行总算顺利诞生了，日期为光绪二十三年四月二十六日（1897 年 5 月 27 日）（参见宋路霞著 :《盛宣怀家族》，上海科学技术文献出版社 2009 年版）。

中国通商银行就好像一个难产儿，在历经千难万阻之后，最终在外国银行林立的上海滩站稳了脚跟。开办仅一年时间不满，又先后在天津、汉口、广州、汕头、烟台、镇江以及北京等城市开办了 7 个分行。两年过后，已经能够每 6 个月结账一次，除了开销外，发给股商利银 40 万两，缴呈户部利银 10 万两……拿盛宣怀的话说就是 :“询诸汇丰开办之初，尚无如此景象。”当时的汇丰银行已在上海开办了 30 多年了，英商丽如银行已经开办了 52 年了（参见宋路霞著 :《盛宣怀家族》，上海科学技术文献出版社 2009 年版）。

五、百年树人，与实业并进办教育

1. 创办北洋大学堂

盛同颐记述父亲经历时曾经说："府君尝论东西列强所以有今日者，皆贤豪辈出之效，中国欲图自强必储才，则筹设学堂实为急务，乃环顾全国，未有绸缪及此者。在官言官，姑从一隅入手，以期推广。当乙酉、丙戌周玉山尚书馥任关道时，请在津郡设立博文书院，招考学生，课以中西有用之学。堂舍已建，因税务司意见不合，筹款维艰，致未实行。府君以为此后各种人才皆当取资于学堂，学堂迟设一年，则人才迟出一年，此非可缓图者。拟请即就博文书院原有房屋，设头等学堂，又另设二等学堂一所，使学生递相推升，与曾充教习之美国驻津副领事丁家立商订课程，以切近易成循序渐进为本旨，倡捐巨资，宽筹经费，禀请具奏立案，克期开办，即近今所称北洋大学堂也。是为府君办理学堂之始。”（中国史学会编：《洋务运动》第八册，上海书店 2000 年版）

盛同颐讲的是盛宣怀于光绪二十一年（1895）创办北洋大学堂一事。光绪二十一年（1895），正是盛宣怀由于弟弟星怀在朝鲜阵亡，他自己屡被官场参劾，中国被迫与日本签订丧权辱国的《马关条约》，家事、国事均不顺心，“忧劳愤激，一病几殆”之时，他向接替李鸿章职位的王文韶屡次提出辞去天津海关道职，退休回家，而未获王文韶同意。盛宣怀在这样一种个人心境、家庭背景、国家形势之下创办了北洋大学堂，可见他对兴办教育、培养人才有着一种深刻的思考和执着的追求。

这种深刻的思考和执着的追求来自他几十年主持实业的社会实践。

光绪二年（1876），盛宣怀在湖北办理矿务时聘了没有真本领的洋矿师马利师而延误了开矿，他从而总结出经验：“开矿不难在筹资本，而难在得洋师。”他开始了对在中国培养实业人才问题的思考。这一年八月他致信李鸿章，提出培养自己的矿务人才的计划，说：

“此种人才，亦宜储备。应一面在于同文馆及闽、沪各厂选择略谙算学聪颖子弟一二十人，随同学习。每见洋人看矿，以土石颜色，并将药水浸煮分辨所产，外国博物院各国开矿之土石均有储备，亦应购备考证。并请饬出洋学生酌分一二十人在外国专学开矿本领，两三年之后即可先行回国。实以开采为大利所在，未便使外人久与其事。”（常州图书馆:《教育与实业并进》，《常州文史资料之十大名人资料——盛宣怀》）光绪三年（1877），他又写信给李鸿章的弟弟、湖北巡抚李鹤章，表明了自己急迫地希望培养中国人才的思考和原因，说:“办事以得人为主，而人才半在赋畀，半在陶熔。方今欧洲气象，如大列国断无独居独处之日，亦断无百年不败之和局。足食、足兵、民信三事，非人不办，且非有后起之人，亦必旋得旋失。试问吾家将才如彼否？使才如彼否？理财之才如彼否？窃犹虑后起之益无人也。中堂功德巍巍，破发贼之功不让湘乡，平捻之勋，和戎之绩，则独胜焉。而区区愚鲁之忱，还望我中堂为天下得人才，弗轻后进而不诱掖，弗狃目前而不远求，弗存姑息而举非其人，弗避嫌疑而举之不先。树人如树树，惟恐迟暮，则得人之盛，未必多让湘乡！搜罗今日之梓楠，培养他年之桢干，为一代得治人，胜于为百代立治法。恐此后棋局日新，落子愈出愈奇。”（《盛宣怀档案资料选辑之二》，第154页）从自己错聘无本事的洋矿师想到中国缺乏自己的人才，由中国缺乏人才想到中国在许多方面落后于西方、不及西方的现实状况，希望李鹤章能劝其兄李鸿章，尽快想办法培养人才。盛宣怀在一边游说高层人士，一边自己努力学习，使自己转化成新式人才的同时，也设法兴办各种教育机构培养人才。就在给李鹤章写信的前一月，他致信李鸿章，说到自己努力学习西方实学的事："职道轻材陋质，向来办事邻于躁急，但穷其事理之可为则竟为之，地学、化学、格致门类，一名一物，绝无所知，然犹欲勉力考究其近似，冀不为人所蒙蔽。"在创办北洋大学堂之前，盛宣怀已有办新式学堂的实践。1880年当盛宣怀督办了中国电报总局，已有了相当的职权之时，他奏准李鸿章，在天津、上海设立了电报学堂，培养电讯事业的人才。由于他督办轮船招商局和主持过湖北矿务，深感这两方面人才的匮乏，因此一直打算设立商船学堂和矿务学堂。光绪十八年（1892），他在钟天纬的格致书院课艺《轮船电报二事应如何剔弊方能持久论》上作眉批："鄙人志在设一商船学堂，更欲设一矿务学堂，作者有心能条陈其西例，以备参酌定章否？"又说，自己对培养中国的船舶驾驶人才"久有此意，志在必行，人笑我收效不能速，十年树人，视十年若远，若不树之，并无此十年矣"。光绪二十一年（1895）甲午战争，中国的惨败以及惨败之后割地、赔巨款、丧权等中国所面临的严峻局势，更加刺激了盛宣怀培养中国自己的人才，改变国家困难境况的思考，因此他才在对家事国事均感痛心之时，振作精神创办了北洋大学堂。

北洋大学堂由直隶总督王文韶批准并支持而设立，开办经费和常年办学经费均由盛宣怀所督办的轮船招商局和中国电报局作为商捐提供。学堂分别设头等4班、二等4班，“每班三十名，递年工夫长进，升至头班头等”。二等是大学预科性质，头等则相当于大学。学生学语言文字之外，主要学习理工方面的知识，如“天算、舆地、格致、制造、汽机、化矿诸学”（盛宣怀拟《请设学堂片》），这是公共必修课。公共课之外，头等分为“律例、矿务、制造”3个专科，以培养专门人才。光绪二十三年（1897）北洋铁路学堂合并于北洋大学堂，增加了铁路一科。盛宣怀为北洋大学堂制定了两条办学原则，一是学生学习必须循序渐进，不得浅尝辄止；二是坚持让学生学习专门学科。光绪二十四年（1898），继任天津海关道职的李少东打算让60名学生改学外语，盛宣怀知道后，写信给支持他创办学堂的王文韶并李少东，重申自己的办学目的和办学原则，阻止李少东的计划。他说：“北洋大学堂奏明，头等四班，二等四班，每班三十名，递年工夫长进，升至头班头等，再派出洋。此皆取法于西，不容紊乱。中国学无次序，浅尝辄止，故无成效。此学堂幸蒙督帅主持，允许历久不渝，商、电两公司乐捐输成斯美举，各国称为中国第一学堂，方冀人才辈出，不负督帅及诸公成全盛意。顷接少东观察来函，忽欲改六十名分学法、德、东三国之文，是殆误会此堂。仅学文字，不知内有分类专门工夫，为小失大，弊莫甚焉。前据丁家立面商，头等三十名，应分律例、矿务、制造各若干名，以后每年每类仅得数名，正恐不敷派用。时势需才如此其急，讵可一误再误！铁路学生同是英文，宜尚不肯假借以损大学，况改习他图文字须另聘他国教习。此堂隳废，即在目前，为天下笑！”【《寄直督王夔帅津海关道李少东观察岷琛》，光绪二十三年（1897）十二月十五日，盛宣怀著：《愚斋存稿》卷二十九，上海人民出版社 2018 年版】从此信可看到盛宣怀的教育思想，也可看到尽管此时已是他离开津海关道职两年之后（他主要长驻上海，北洋大学堂已交李少东负责），但他对北洋大学堂仍是极其关注。

2. 创办南洋公学

盛宣怀在天津创办了北洋大学堂之后，紧接着于光绪二十二年（1896）春，就在上海徐家汇地区购买土地，准备仿北洋大学堂之制“而损益之”设立南洋公学。当年10月，他因成立中国铁路总公司的事，受到光绪皇帝召见时乘机向皇帝呈递了《请设学堂片》，不过，在这个奏片中他想要先设立的不是南洋公学，而是达成馆。他说：北洋大学堂和正拟创办的南洋公学，“综厥课程，收效皆在十年之后，且诸生选自童幼，未有一命之秩，既不能变更科举，即学业有成，亦难骤膺显擢，予以要任。相需方殷，缓不济急。”（清代贺长龄辑：《皇朝经世文编》卷一）因此他请求政府仿效日本之办法：“在京师及上海两处各设一达成馆，取成材之士，专学英、法语言文字，专课法律、公法、政治、通商之学。期以三年，均有门径，已通大要，请命出使大臣奏调随员，悉取于两馆。俟至外洋俾就学于名师，就试于大学，历练三年，归国之后，内而总署章京，外而各口关道，使署参赞，皆非是不得与，资望既著，即出使大臣、总署大臣之选也。……其常年经费……每年两馆约需数十万两，请由臣在所管招商轮船、电报两局内捐集解济，以伸报效。”（盛宣怀著：《愚斋存稿》卷一，上海人民出版社2018年版）光绪二十二年（1896）九月，盛宣怀希望在北京、上海设立两所达成馆，即政治学院。政治学院毕业的学生再到外国留学3年，以后总理衙门的官员、通商口岸的官员、驻外使馆的官员非得是政治学院毕业的学生不可。对于盛宣怀请设达成馆的请求，上谕：京师、上海两处既准设立大学堂，是则国家陶冶人才之重地，与各省集捐设立之书院不同，著由户部筹定的款，按处拨给，毋庸由盛宣怀所管招商、电报两局集款解济，以崇体制。盛宣怀没有相信朝廷这番冠冕堂皇的话，因为甲午战败的巨额赔款已经使清政府焦头烂额，了解这点的盛宣怀没有把希望寄予政府，他自己加快了筹办南洋公学的步伐。

按照盛宣怀的计划，他要将南洋公学办成他所设计的达成馆那样的培养政治、外交官员的学校，他在所拟定的《南洋公学章程》中说："公学所教以通达中国经史大义、厚植根柢为基础，以西国政治家、日本法部文部为指归，略仿法国国政学堂之意。而工艺、机器、制造、矿冶诸学，则于公学内已通算、化、格致诸生中，各就质性相近者，令其各认专门，略通门径，即挑出归专门学堂肄习。其在公学始终卒业者，则以专学政治家之学为断。"【光绪二十四年（1898）四月，盛宣怀著：《愚斋存稿》卷二，上海人民出版社 2018 年版】又于《筹集商捐开办南洋公学折》中说："臣今设立南洋公学，窃取国政之义，以行达成之实。于此次钦定专科，实居内政、外交、理财三事。"事实上，南洋公学并未照计划的那样办理。光绪二十三年(1897)二月，南洋公学首先"考选成材之士四十名，先设师范院"，光绪二十四年（1898）初，"复仿日本师范学校有附属小学校之法，剔选年十岁内外至十七八岁止聪颖幼童一百二十名设一外院学堂，令师范生分班教之”（清代贺长龄辑：《皇朝经世文新编续集》卷五）。所谓外院即小学堂。当年，公学又陆续设立了二等学堂，“名曰南洋公学中院”，以后又设立了头等学堂，“名曰南洋公学上院”“上、中两院之教习皆出于师范院”。南洋公学中院、上院分别相当于中学、学院。“公学四院常年经费以轮、电两局岁捐十万两”（清代贺长龄辑：《皇朝经世文新编续集》卷五），公学的校址基地是由盛宣怀本人“捐购”，其余建造房屋、置备仪器和图书，以及一切器具，所需银十几万两也是由轮、电两局所捐。

到了光绪二十八年（1902），南洋公学的规模扩大，公学没有办成培养政治、外交官员的学校，而是办成集师范、小学、中学、学院，政治班、外语班、译书院等于一体的综合性学院，其宗旨为“以激发忠爱，开通知慧，振兴实业为主义”【《陈明南洋公学士习端正片》，光绪二十九年（1903）八月，盛宣怀著：《愚斋存稿》卷一，上海人民出版社 2018 年版】。当年，盛宣怀在向清廷所上《南洋公学历年办理情形折》中详述了公学的组成部分及其课程设置：“查公学所分设之目凡八。曰上院，视西国专门学校，肄习政治、经济、法律诸科。曰中院，视西国中学校，肄习中西文、普通诸学。曰师范班，视西国师范学校，肄习师范教育、管理学校之法。曰蒙学堂，视西国小学校，专教幼童，为中院储才之地，分高等补习二级，略如西国寻常高等之意。曰特班，变通原奏速成之意，专教中西政治、文学、法律、道德诸学，以储经济特科人才之用。其附属公学者，曰译书院，专译东西国政治教育诸书，以应时需及课本之用。曰东文学堂，考选成学高才之士，专习东文，讲授高等普通科学，以备译才。”所谓特班，就是原来盛宣怀所设想的在京、沪两地所设达成馆的变通办理。盛宣怀设立译书院的目的在于翻译西方政治、商务之书，光绪二十四年（1898）他在向清廷上奏的《南洋公学附设译书院片》中谈道：“中国三十年来如京都同文馆、上海制造局等处所译西书，不过千百中之十一，大抵算、化、工艺诸学居多，而政治之书最少。且西学以新理新法为贵，旧时译述半为陈编。将使成名成材者皆得究极知新之学，不数年而大收其用，非如日本之汲汲于译书，其道无由矣！现就南洋公学内设立译书院一所，广购日本及西方新出之书，延订东西博通之士，择要翻译，令师范院诸生之学识优长者笔述之。”译书院创办于光绪二十四年（1898），到光绪二十七年（1901），已经译出西方政治、商务类书 20 多种，盛宣怀于光绪二十七年（1901）六月将译书院所译之书上呈清廷，并打算为适应清廷推行新政的需要，继续扩大译书种类。他给清廷《呈进南洋公学新译各书并拟推广翻辑折》，说："拟即选取各国赋税，度支以及商务，矿山、银行各章程，督饬专员赶紧翻辑，总期日积月累与学校相为表里，务使东西文得中文阐发而无偏弊，则中学得东西学辅翼而并昌明，不待十年必有伟材以佐盛治。兹先将公学所译各书已经排印十有三种敬谨装治成套齐送军机处，恭呈御览，尚有译成兵政八种，理财一种，商务二种，学校三种，税法一种，俟排印齐全再行齐送。"（盛宣怀著：《愚斋存稿》卷五，上海人民出版社 2018 年版）他于光绪二十七年十二月（1902 年 1 月）《南洋公学推广翻辑政书折》中再说："论译书则天算、制造较政治史学为难；论选书则政治、史学较天算、制造为难。昔年官译诸书，只有同文馆所译法国律例，制造局所译佐治刍言数小种，余皆不及政治。盖不敢率尔操觚，其难其慎良有故矣。现在举行新政，凡学校、科举、军政、财政诸大端，钦奉明诏，一皆参酌中西以议施行，则凡有关乎学校、科举、理财、练兵之政治、法律诸书，均待取资，势不容以再缓。"东文学堂创办于光绪二十七年（1901），目的在于培养日语翻译人才。盛宣怀认为中国的政治制度变革以日本、德国为蓝本最适宜，他说："较量国体，惟日、德与我相同，亦惟日、德之法于我适宜而可用。臣尝谓欲求详备，必博选通达古今之士游历德国，逐事咨询，仍于各省多设德文学堂，广译德书，而后斟酌损益，可以万全而无弊。今兹公学力有所未能，姑就东文之翻自德文者译之，得尺得寸，为旱年一溉之计。他年经费可筹，尚思授德文而传德学。”办日文学堂是为了翻译日本政治制度方面的书，同时也是为了翻译已译成日文的德国政治制度方面的书籍（参见姜正成主编：《中华商圣系列：实业之父盛宣怀》，中国财富出版社 2015 年版）。

为了使南洋公学学生能专门于西方近代科学和政治、文化方面的学习，光绪二十四年（1898）四月，盛宣怀特地向清廷奏上《新设各学堂学生请免岁科两试片》，请求清廷嗣后“新设各学堂书院内学生，凡系廪增附生一体免试岁科两试，使得专精新学”。得清廷朱批：“着照所请。”南洋公学仍如北洋大学堂，盛宣怀仍坚持学生必须遵守学业循序渐进，不得浅尝辄止的办学原则，使南洋公学的学生“卒业给凭，与国家大学堂学生身份无异”（《南洋公学历年办理情形折》，《愚斋存稿》卷九，奏疏八）。从公学毕业后的学生由盛宣怀派遣“分赴东西各国进学，各该生程度皆得直入彼都大学校肄习专门，无须预备。其学科则注重工商实业，以备学成回华任以路、矿、铁厂、银行各要政”。到光绪二十八年（1902），南洋公学和北洋大学堂的学生派到英、美等外国留学者已达 20 多人（参见姜正成主编：《中华商圣系列：实业之父盛宣怀》，中国财富出版社 2015 年版）。

就在南洋公学顺利发展之际，光绪二十八年（1902）九月，盛宣怀父亲盛康去世，时任直隶总督兼北洋大臣的袁世凯趁盛宣怀为父亲守制之机，先是抢占了盛宣怀所督办的轮、电二局的控制权，然后将南洋公学夺归己管。时值南洋公学学生于 11 月因不满校方的管理引发风潮，部分学生离校，袁世凯趁机于光绪二十九年正月（1903 年 2 月）电告盛宣怀："闻南洋公学已罢散，能否趁此停办，或请南洋另筹款。"（夏东元编著：《盛宣怀年谱长编》下册，上海交通大学出版社 2004 年版）南洋公学自开办以来，都是由轮、电二局每年提供 10 万两的经费，袁世凯控制了轮、电二局，为了从轮、电二局尽可能搜刮经费供北洋使用，他不愿意再由轮、电二局为南洋公学提供常年经费，想趁公学发生风潮之机，停办公学。如果盛宣怀不愿意停办，那么轮、电二局就停止提供经费。盛宣怀在接到袁世凯的来电之后，立即回电，表示即使是轮、电二局停止提供经费，南洋公学也要设法办下去。他说："南洋公学十月间诸生与教习小有口舌，旋即安静，并未罢散。近来学堂风气，各处似此，颇有所闻，报纸张大其词，皆系妄说。宣谫陋何足言教育，惟奏准开办已六年，中外观听所繁，若遽废止，殊觉难堪。公以天下自任，且创议学堂章程，谅亦有心维持，无分畛域，现拟将译书院、东文学堂及特班、师范班全裁，商务学堂亦缓办，只留中院生六班，以二百人为度。历年节省稍有存款数万，故暂收束紧做，一面另行劝募。惟津、沪两堂学生在英、美等国肄业者十五六名，岁需经费约三万两，查轮、电两局原拨公学每年十万两，本年起遵即停拨，又船局另捐二万两，电局另捐二万元，原奏系充商务学堂、东文学堂各经费，拟请暂准照拨，改充出洋肄业经费，使卒业诸生不致半途而废，皆出公赐。”【《寄袁宫保》光绪二十九年（1903）正月初六日，盛宣怀著：《愚斋存稿》卷九，上海人民出版社 2018 年版】这样，由于缺乏经费，光绪二十九年（1903）后，南洋公学规模骤然缩小。盛宣怀虽暂不能管理公学，但他对公学办理的关心仍一如过去，公学的总理一席尚乏人，他请求时署两江总督的张之洞，要调他所相知的陈伯潜任公学总理。他致电张之洞，说：“现以总理得人为第一要着。陈伯潜阁学养望多年，足为多士矜式，与公至契，务望切电敦请，候有复电，即请钧处挈名，备就咨函。由敝处专送带聘，灯节前到沪，以便开学。修金原定月二百两，或须酌增，请卓裁。学堂并有总理住宅，甚宽，请并达。”（盛宣怀著：《愚斋存稿》卷八十八，上海人民出版社 2018 年版）盛宣怀不惜重金聘请陈伯潜，可见其重视人才的程度了。

光绪二十九年（1903）九月二十五日，湖广总督岑春煊拟调南洋公学派遣留学生陈锦涛回国办理学务，盛宣怀立即致电岑春煊阻止此事，他说："查该生禀报，本年已进耶儿大学校，来年六月当可考得博士。从前派出学生百余名，从未有一人毕业考得博士者，瓜不待熟而生摘，殊属可惜。敝学堂立法必欲期满考得毕业文凭，所以杜学生躁进之心，免浅尝辄止之诮，不徒为虚縻经费也。"这种对一个有为之士的培养，要有始有终的精神，是非常可贵的（参见欧七斤著：《盛宣怀与中国近代教育》，上海交通大学出版社 2016 年版）。

湖广总督——岑春煊

3. 商务、实业学堂的变革

光绪三十年（1904），南洋公学改为"南洋高等商务学堂"。公学改为"商务学堂"，这其中经历了一个过程。光绪二十五年（1899）春，盛宣怀受到大学士徐桐的弹劾，徐桐说盛宣怀："轮船、电报创立三四十年，获利不资，而上不在国，下不在商，所称挽回利权者安在？”（参见胡泽著：《政商奇才盛宣怀》，商务印书馆国际有限公司 2015 年版）正要上京与总理衙门就商路矿总局明定办法的盛宣怀奉到上谕：督饬在事官商，开具收支清单，酌定余利归公。此事了结之后，盛宣怀向清廷上奏折《谨拟商务事宜详细开具清单恭呈御览》，其中提到请设商务学堂之事，说：“（中国）一则无商学也，再则无商律也，无商学则识见不能及远，无商律则办事无所依据。如果得人提倡，先于各省各埠设立华商公所，即以商人之正派、殷实者为之董，其中利弊准其呈诉，商情可直达，而官为扶护，不为羁勒。并应准其自己集资开设商务学堂，专教商家子弟，以信义为体，以核算为用，讲求理财之道，数年后商务人才辈出，则税务司、银行、铁路、矿务皆不患无筦算之人矣。并请酌定商务律例，务使华商有途可循，不致受衙门胥吏之舞弄，即不致依附洋商流为丛爵渊鱼之弊。”（盛宣怀著：《愚斋存稿》卷三，上海人民出版社 2018 年版）因为自己主持实业，多次受到官场的弹劾，为高级官吏所不满，由此想到这是由于中国缺少商学、商律，从事实业得不到保护之故，而恳请政府准由商人开办商务学堂，设立商务公所，来推广商学，执行商律。清廷没有同意盛宣怀的请求。光绪二十七年（1901），盛宣怀被清廷任以会办商务大臣，他再次上奏清廷《请设商务学堂片》，说："臣自奉会办商务大臣之命，即奏明俟款议大定，必须广商学以植其材，联商会以通其气，定专律以维商市，方能特开曹部以振起商战，足国足民。已故大学士李鸿章前派商务大臣时与臣论及，亦以是为富强之本，并谓吾年已老，勉臣后来。今臣奉旨派为办理商税事务大臣，与各国专使会议修改商约，重订税则，此中得失利弊，关系久远之计。各国使臣不特恃其国势强词夺理，并系商学出身，细针密缕，每议一事，无不曲折详尽。"（盛宣怀著：《愚斋存稿》卷六，上海人民出版社 2018 年版）这段话的意思是说设立商务学堂是非常必要的，且刻不容缓。事实上，盛宣怀这时已在南洋公学内做附设商务学堂的准备工作了。他札饬南洋公学掌管教务行政的提调刘树屏，将公学尚未开班的上院改为商务学堂，因为"该学毕业各生，程度已高，致力尤易"。他为了将商务学堂办成功，对于未来毕业生作了"优与出路"的保证，说"商学卒业，不过二三年，本大臣即分别擢用，优与出路，决不负各该生数年向学之苦心"。要学生"勿遽以学业粗成，亟谋他就"。另外，盛宣怀还派遣南洋公学总教习、英人福开森赴英、美、比、德、粤、瑞 7 国考察商务学堂，要福开森将这些国家的商务学堂"折衷比较，不厌其详"，并将各个学堂办理的异同、办法连同建筑图式等，回来后一并具报。

后因时任公学总理的劳乃宣建议缓办商务学堂，将拟改读商务学堂的学生派往外国留学而作罢。

光绪二十九年（1903）年秋，盛宣怀又第三次向清廷上奏《开办高等商务学堂折》，请清廷速开商务学堂，其中说："夫时局既以商务为亟，而商学尤以储才为先，现在各省设立高等学堂，考求政艺，不患无人，独商学专门未开风气。窃惟南洋公学款由商捐，地在商埠，若统称高等，则与省会学堂不甚分别，且亦无所附丽。今年春夏间臣在京时面与管学大臣张百熙再三晤商，仍拟查照臣上年原奏，即就南洋公学上院，专设高等商务学堂，该大臣颇韪臣言，催令速办。"（盛宣怀著：《愚斋存稿》卷九，上海人民出版社 2018 年版）

管学大臣——张百熙

此折得到皇帝"管学大臣议奏"的硃批。终于在光绪三十年（1904）南洋公学改办为"南洋高等商务学堂"。不久，南洋高等商务学堂隶归商部，又改为"南洋高等实业学堂"，办成为以理工科为主的大学堂。

关于盛宣怀对于南洋公学创办和发展的作

用，在公学始任提调继任总理的张美翊说，盛宣怀之于南洋公学“溯当经营伊始，风气未开，尺水寸土，皆劳擘画，筚路蓝缕，甫肇文明”。这话并非过誉之词(参见常州图书馆：《教育与实业并进》,《常州文史资料之十大名人资料——盛宣怀》)。

六、不忘初心，战乱年代的努力

1. 品尝失利的苦涩

八国联军侵华,《辛丑条约》的签订，中国彻底沦为半殖民地半封建社会。动荡不安的时局变化预示着更大浪潮的到来。盛宣怀似乎没有看到这些，他仍然

中国通商银行早年发行的钞票

力图挽救大厦将倾的清王朝。

光绪二十九年正月初七（1903 年 2 月 4 日），中国近代银行史上的第一桩伪钞案让通商银行元气大伤。

伪钞的出现有两种说法：一说钱庄伙计拿着一些钞票去通商银行兑换，被柜台发现其中有几张 10 元的伪钞，当场拒绝兑换；另一说是有人持伪钞去商店购物，事后被店主发觉。当时的上海，银行和钱庄并存，消息传出后，钱庄对此事颇有些幸灾乐祸，纷纷拒绝使用通商银行的钞票。持有通商银行钞票的人更是心中惶惶，争先恐后地去兑换现银。次日，上海便出现了一股空前的挤兑浪潮。

当时的盛宣怀身在北京，得知挤兑风波后，他马上吩咐上海方面要做到随到随兑，现银不够还可以向其他银行寻求帮助。通商银行由于开门欢迎兑现，几天过后，现银所剩无几，只好用库存的金银为抵押，向汇丰银行换取 70 万两现银。为了尽快渡过这次挤兑浪潮，通商银行一改过去的营业时间，破例在节假日也开门兑换。仅仅一天的时间，就兑出现银 20 万两左右。尽管这样，通商银行门前依然是人潮汹涌。

伪钞案给通商银行带来了极大的损失，在挤兑浪潮发生的短短几天时间之内，从各个方面回笼的通商银行假钞达到 30 万元。它同样严重损害了创建初始的中国通商银行的信用，导致业务水平急剧下降，通商银行没有办法，只得将已设立的分支行陆续关门，光绪三十一年（1905）时只剩余北京与汉口两处分行以及烟台一处支行。存款额也由光绪二十五年（1899）年底的 397 万两白银下降至光绪三十年（1904）年底的 189 万两，放款额则从光绪二十五年（1899）年底的 582 万两下降至光绪三十年（1904）年底的 261 万两，中国通商银行光绪二十四年（1898）发行银元券与银两券统共 63.2 万两，光绪三十年（1904）下降为 9.3 万两。光绪三十三年（1907）盛宣怀又升任邮传部右侍郎，离开了他亲自创办的通商银行，随后的通商银行更是在举步维艰的时世中苟且生存。

在伪钞案发生后，法国和奥地利看到通商银行的窘境，企图将通商银行和本国银行合办，以达到蚕食通商银行的目的，盛宣怀对此当然不能坐视不理。

光绪二十九年八月十四日（1903 年 10 月 4 日），盛宣怀致外务部电："法领事先来面商，请将通商银行归并法国银行合办，告以中国商务极大，近来各国到此添设银行不少，中国是主人，仅一通商银行，论面子亦断不得少。前因议开国家银行，华商拟请移通商银行资本改办他事，嗣以改铸国币虽有国家银行，亦全赖商家银行上承下注，方能使新币推行无阻，是以通商银行更关紧要，势难与外国银行合并办理。法国去后，奥领事又来商归并奥国，即告以不能归并缘由，既以回复法国，更难允许奥国，并无从前商定之事，其意亦非愿意入股也。”过了些时日，法、奥两国又来电要求将通商银行合并或加股。光绪二十九年腊月初三(1904 年 1 月 19 日),盛宣怀为此再致清廷外务部电：“近日法国领事来谈，闻通商银行有他国愿来附股，但法商在先，现法银行有人来华，仍请与法先商，且巴黎银币最盛,如合办必有益。当告以中国仅一通商银行，并无归并意，如愿附股，须章程合拍方可试商。昨奥人满德来商,奥国家愿出官股与通商合办。告以无此意，且法商在先，奥系国家资本，更不便。满云如不愿合，奥亦必自开银行云。”所有这些要求，都和通商银行的利益发生直接冲突。特别是官款的汇拨、存放，这都是盛宣怀心目中的银行利益所在，当然不能轻易落入外国银行之手。在盛宣怀的抵制下，这些计划最后都没有实现(参见袁文伟著:《中国近代银行之父盛宣怀》,《文史月刊》2006 年第 07 期)。

在通商银行正式开业至少半年以前，盛宣怀并没有聘用洋人主持银行业务的意思。他最初是企图利用票号现成的一套机构和人马。由于票号原来在各口岸多设有分号，而且开设多年，根基深厚，正是通商银行设立分行的现成基础。盛宣怀希望在京、津、闽、粤、汉、浙各关号票庄内悬挂通商银行招牌，责成该号各伙友兼办银行诸事，接应汇票收解款项各账，以节经费而归简便。所以条议中说："银行既归商办，而又归就于现成之关号票庄，通力合作，一切经营规模，悉照现行章程，再行参酌，尽善尽美，似毋庸再请洋人，以符原奏悉由商董自行经理之义。"至于依照汇丰银行章法，条议中提到"银行仿于泰西，容抄录汇丰章程，再行公同妥议"。可见，所谓"一切经营规模，悉照现行章程"，指的都是票号的章程。如果这个计划能够顺利实现，那么，在人员方面，票号已经足够应付。

但盛宣怀利用票号的计划未能顺利实现，对方并不合作。他所招徕的人里只有严信厚勉强算是票号中人，然而，严信厚的源丰润号却不愿合并于银行。在这种情况下，银行既要在各口岸设立分行，就不能指望票号的现成班子，只有依照西方国家的规矩，聘用外国大班一条了。因此，在银行正式公议而由盛宣怀核定的章程中，才明确规定银行"总行及京都并通商大口岸及各国都会，均用西人为大班，生意出入，均归大班主政"(参见袁文伟著：《中国近代银行之父盛宣怀》,《文史月刊》2006年第07期)。从而"本行奏明用人办事，悉以汇丰为准而参酌之"。从客观上来说，以汇丰银行为蓝本，参酌"汇丰"的章程以立通商银行的规矩，这是一种吸取资本主义经营管理的方法，毋宁说是一种进步。盛宣怀之所以模仿"汇丰"，只是因为他看到"汇丰"是当时在华各外国银行中最能赚钱的。而在盛宣怀看来，“汇丰”之所以最能赚钱，是由于“汇丰”的营业在“俱遵商务规矩”“尽除官场习气”方面做得最出色。他是以汇丰银行为榜样，同时又把它看作自己主要的竞争对手。他一再说：在中国的外国银行中，最忌通商银行的就是“汇丰”。他模仿汇丰银行，从某种意义上说，是以子之矛攻子之盾，正是为了争胜。尽管通商银行委任大班的权柄单中，洋大班的主管范围几乎是无所不在。但是，在银行人员进退问题上，洋大班的意见需要得到总董核准；生意出入银钱，虽归大班主政，但要事应由总董会议签押后照行。总董在用人和大政方针上保留了最后的决定权。而且盛宣怀还特别指出，洋大班应持有推荐信，立有合同，如有不合，随时可撤。因此不能把权柄单中的规定笼统地说成是拍卖企业自主权的行为。

自然，盛宣怀宣传的所谓“杜洋商之挟持”“与洋商争胜”等，有很大的局限性。他自信地说：外国在华银行“赖各国汇票，我则赖各省各埠之汇票，利可操券”。外国银行和洋行，“重在外国通货币，我行重在内地通货币”，当然也是“利可操券”。因此，在通商银行业务之中，特别强调公款汇兑和货币发行两项。关于汇兑，银行章程开宗明义就提出：“原奏京外解拨之款，交本行汇兑，可以减省汇费，公中备用之款，变本行生息，可以有益国帑，各口岸、各省会及各国都会，均须设立分行，以便就近承汇领放。”至于发钞铸币，则除奏请银行准铸银钱外，更规定“本银行奏明准照汇丰印用银两、银元各票”“照汇丰所出香港上海票式办法，各照各处市面通用平色”“亦悉照汇丰折算办法办理”。甚至雇用洋员在票背上签字，也是为了“不至为外滩洋商银行所拒受”。不言而喻，盛宣怀自信“操券”的优势，完全是一个幻想。事实上他也知道，外国在华银行“气势既盛，根底已深，不特洋商款项往来，网罗都尽，中行绝不能分其杯羹，即华商大宗贸易，亦与西行相交日久，信之素深，中国银行新造之局，势力未充，非可粉饰铺张，骤与西人争胜”。但是，不去努力开拓中国对外贸易的汇兑业务，却把汇兑官款作为与外国银行在汇兑业务上竞争的手段。所谓“急胜”，必然徒托空言。西方一位研究洋务派官督商办企业的学者把通商银行的包揽官款汇兑比之于轮船招商局之包揽漕粮转运，两者都是想从清朝政府身上寻找一点荫庇，谈不上与洋商竞争。至于发钞铸币，不管盛宣怀怎样在形式上比照“汇丰”的钞票，也不论怎样“各照各处市面通用平色”“悉照汇丰折算办法办理”，在中国“通商”与英国“汇丰”实力悬殊的条件下，“通商”的钞票根本无力与“汇丰”的香港、上海票式竞争，更谈不上把它们排除在中国的国门以外（参见清代贺长龄辑：《皇朝经世文新编》卷十）。

事实不止如此。在很多情况下，与一家外商竞争，往往形成与另一家外商的苟合。这在盛宣怀一生的活动中不乏其例。在盛宣怀的来往函件中，可以看到他对“汇丰”的“狡狠”有相当深刻的认识，也认识到中国通商银行见忌于汇丰银行的深因。至于怎样与“汇丰”竞争，则不排除他接受另一家同样“狡狠”的外商的引诱，也就是在和“汇丰”的竞争中丢失了与整个外商竞争的立场。

在甲午战争以后列强对中国贷款权的争夺中，盛宣怀和英国的呼利公司有过一场没有成功的借款活动。这一项以取得苏沪铁路修筑权为条件的1600万英镑的巨额借款，就是由于英方答应以借款抵押品厘金、盐课等的收存支付交给通商银行掌管，才得到盛宣怀的卖力撮合。这笔借款如果谈成，作为借款抵押品厘金、盐课等，就全都处在呼利公司的控制下，而苏沪铁路的修建权也将落入呼利公司掌中。只不过这些盛宣怀是不加考虑的，他只要厘金、盐课等按月交付通商银行，再兑换成英镑交给外国银行，从中得到收解款项的一些油水，顺便给“汇丰”眼里扔点沙子，便可置其他于不顾。甚至呼利公司要求派他们的人长驻通商银行，对这些款项的数目进行监督查核，也无所不可。盛宣怀说：“呼利借约能成，则五十年厘金、盐课，悉归该行收付，而扶翼多矣。将来必能由该行经借民债，转移在此一举。”“虽狡狠如汇丰，亦难禁我不如此也”。但是去了一个“汇丰”，来了一个“呼利”，与洋商竞争的局面终究不能成为现实。

通商银行创办之初，张之洞就说它是一家“不官不商、亦官亦商、不中不西、亦中亦西”的银行。这16个字概括了通商银行内部的官商关系和银行对外的中西关系。“不中不西”代表的是中西矛盾，“亦中亦西”也可以理解为中西在某种程度上的合力（参见王玉德著：《招商局与中国金融业》，浙江大学出版社2013年版）。

长期以来，因为盛宣怀的政治立场和通商银行的经营不善，人们对盛宣怀于银行业的贡献没有给予过公允的评价。客观地讲，银行这一新事物，只有盛宣怀这样既认识到银行的必要性，又具有办银行能力的人来办。若非盛宣怀与实力派人物李鸿章、王文韶等人关系融洽，多方疏通，通商银行是难以办成的。在当时险恶的生存环境下，通商银行为中国新式工矿业和交通业的兴办和发展筹集了一大批宝贵资金，对外商银行的渗透也有着抵制作用。虽然经营不成功，但却使“银行”这个现代经济发展的中枢在中国扎下根来，为中国银行业的发展打下了坚实的基础，提供了经验和教训，是应该肯定的。

当然，由于时代局限，通商银行有着几点本质上的缺陷。一是它的官方性质，虽然名为商办，却是奉旨设立；说是权归总董，利归股商，总决策权却尽归于盛宣怀；8个董事都不是选举产生，而由盛宣怀一人指定，资金来源的4/5是官僚买办的投资。二是它的买办性质，银行章程一切以“汇丰”为准，洋大班占据关键位置，还加入了外商银行同业公会，正如张之洞所言，是“不官不商，亦官亦商;不中不西，亦中亦西”。三是在用人上，盛宣怀虽知专门人才之重要，却选用不懂银行业务的官员和富绅为各地分行经理，导致积弊丛生，与工商企业缺乏紧密联系，缺乏为生产和流通调剂资金的经营决策，业务发展缓慢。以上种种弊端导致在辛亥革命前，通商银行全行的存款总额从未超过400万两白银,多数年份只有200万两到300万两，几乎与资本额相仿。

2. 义和团时期的东南互保

在盛宣怀筹措北洋大学堂和南洋公学的几年中，义和团运动在中国大陆逐渐兴起。义和团是在义和拳的基础上发展起来的。义和拳是民间流行的操练拳棒的一种秘密结社组织，广泛活动于山东、直隶、河南一带。在发展过程中，各种拳会互相结合，讲究念咒吞符，具有浓厚的迷信色彩。光绪二十四年（1898）八月十八日，赵三多、阎书勤等率领拳民300多人，在山东西北部的冠县阎家庄（今属河北威县）马场起义，攻打梨园屯教堂，以“扶清灭洋”为旗号进行反洋人、反洋教活动。在这次斗争的前后，已有义和拳改称“义和团”的记载。赵、阎竖起大旗之后，山东各地义和拳纷纷起来，至光绪二十四年（1898）秋冬，直隶、山东等地的义和拳逐渐改称“义和团”。

义和团反帝斗争愈演愈烈，帝国主义列强惊恐万分，加紧逼迫清王朝镇压义和团，并“限两月内，悉将义和团匪一律剿除，否则将派水陆各军驰入山东、直隶两省，代为剿平”【参见（日）佐原笃介著：《八国联军志》，《义和团》第3册】。在义和团运动迅猛发展的情况下，各国公使见清政府已无力控制局势，便策划直接出兵干涉。

各国公使以“保护使馆”为名，陆续派兵进京。清朝于光绪二十六年（1900）六月先后下达命令各省督抚“联络一气保疆土”和“招义民御侮”的谕旨，并发布《宣战诏书》，向八国联军开战。慈禧在《诏书》中说：“与其苟且图存，贻羞万古；孰若大张挞伐，一决雌雄。”义和团民兵围攻东交民巷，顿时造成北方大乱。总理衙门通知11国外交人员24小时之内必须离京，否则不给予保护。当时满城都是拳民，谁也逃脱不了。义和团和清朝的正规军虎神营、武卫军并肩作战攻打外国使馆，顿时造成洋人的咒骂声与锣鼓声此起彼伏，杀害洋人的血污臭味四处弥漫，南方各省闻听此讯同样人心惶惶。

以慈禧为代表的清朝中央要求各省“招集义民，成团御侮”，并特别指示沿江沿海各省应立即动员起来。是遵旨投入战斗，还是抗旨按兵不动呢？盛宣怀和东南各省督抚需要仔细考虑考虑了。

因为近代中国的反侵略战争一败涂地，尤其是甲午战争中，清朝再次败于新兴的强邻日本，所以在当时的一些洋务派官僚与开明士绅看来，这场即将到来的战争必然招致惨败。更让张之洞等人担心的是，万一战火很快蔓延至南方，由他们苦心经营的近代工业就会毁于一旦，因而张之洞联合南方各省督抚奏请朝廷，首先指出战争的前途是中国“不败不止”，各国“不胜不止”，然后说沿江各省并无所谓拳会义民可招。他说：“就目前计，北事已决裂至此，东南各省若再遭蹂躏，无一片干净土，饷源立绝，全局瓦解，不可收拾矣。惟有稳住各国，或可保存疆土。”并保证，如果各国派兵来犯，“臣等受恩深重，有守土之责，自当尽力抵御，存亡与共”。与此同时，他还奉旨抽调两湖10多个营的兵力，增援北方战场。这样做，既避免了“抗旨”的嫌疑，又为接下来策划的“东南互保”提供了理由（参见冯天瑜著：《张之洞评传》，南京大学出版社2011

年版）。

盛宣怀就更不用说了，他的洋务企业主要集中在长江流域，义和团运动迅猛发展，直接威胁到他的切身利益。由于义和团对一切洋务都采取完全敌视的态度，盛宣怀办的铁路和架的电线，都受到了义和团的冲击和破坏，所以他一再请示清政府，对义和团运动要进行血腥的镇压。当八国联军进攻北京，眼看北方的清政府已无力抵抗的时候，盛宣怀开始想着借助他与东南督抚李鸿章、刘坤一、张之洞等人的密切关系，共同酝酿进行“东南互保”。所谓“东南互保”，就是以东南的 3 个主要督抚李鸿章、刘坤一、张之洞为首，明确向西方列强宣布，他们不支持清朝政府反对八国联军的斗争，而愿与列强合作，共同保护东南一带的局势不受战火的影响。

盛宣怀的这种想法与西方列强不谋而合，主要是因为义和团运动也威胁到了外国侵略者的在华利益，由于其中以英国在长江流域投资最多。英国早就开始采取措施：一面参加八国联军，镇压义和团运动；一面策划独占长江流域，分裂中国的“东南互保”。“东南互保”得到了两江总督刘坤一、湖广总督张之洞的积极响应，但英国的如意算盘却引起其他帝国主义的反对，英国被迫让步，策划中的“东南互保”就由英国独家经营变成了各国共同“保护”。在这里，盛宣怀、南方各省和各帝国主义国家的利益有着高度的一致性，于是三方都在积极奔走，以促成互保局面的形成。

在盛宣怀的周旋下，各督抚和英、美、法、德等西方主要大国驻沪领事一道签署了中国近代史上有名的东南互保条约，包括《东南保护约款》9 条和《保护上海城厢内外章程》10 条，主要内容有：①上海租界归各国共同保护，长江及苏、杭内地均由各督抚保护，两不相扰；②上海制造局、火药局的军火，只用于“剿匪及保护中外商民”；③各口岸外国兵舰照常停泊，但不可在清军炮台附近操练，以免引起误会；④若外国兵轮未经中国督抚同意进入内地，由此引发的中国百姓毁坏洋商教士财产和生命案件，中国不认赔偿。这样，上海租界归各国公使共同保护，长江及苏杭内地均归督抚保护，互保局面形成。后来，两广总督李鸿章、闽浙总督许应骙、山东巡抚袁世凯、浙江巡抚刘树棠等也表示参加“互保”，互保范围扩大到广东、四川、陕西、河南、山东 10 余省。

这一互保章程后因各帝国主义国家之间的矛盾未正式签字，但它规定的具体条款已经付诸实施。协议阻碍了上海及东南各地人民反帝斗争的发展，解除了列强的后顾之忧，使之可全力镇压北方的义和团；同时它又具有约束、限制外国兵轮、水手、商人等肆意侵扰东南各省的作用。会上，各国公使保证，只要中国官员负起维持秩序的责任，除北方以外的其他所有省区，就用不着“忧虑我们这方面的任何攻击”。

一种前所未有的奇观就这样出现了！一方面是北方清军的浴血奋战，一方面却是富庶的南方各省保持“中立”，以求明哲保身。朝廷已经倾尽全力和洋人开战，然而东南各省的封疆大吏却“各人自扫门前雪，不管他人瓦上霜”，和洋人互签条约以保相安无事。互保条约订立之后，为了更好地平衡“东南互保”的局面，盛宣怀一方面要求各督抚对境内的义和团要倾尽全力进行镇压，以保护外国商民以及财产安全，以免造成外国人出兵的理由；另一方面对外国侵略者的侵扰与挑衅，采取步步退让妥协的态度，以免滋生事端。因为“东南互保”保护了外国人的在华利益，因此得到了外国侵略者的普遍支持，最终也就顺利达到了“东南互保”的目的。

光绪二十六年（1900）七月二十日，4万八国联军攻入北京城，慈禧仓皇西逃，北京城沦陷，京、津民众尸横遍野。仅仅两个月的时间，八国联军就占领了几乎整个华北和东北。东南各省的互保从某种程度上讲是促进了抗击八国联军的战争的失败，互保因此曾被谴责为国家的叛臣所为。

然而，互保阻止了北方战火的继续蔓延，使华北、东北地区以外的广大地区免遭战争的蹂躏。在北方陷入空前战乱的情况下，南方各省保持了相对稳定的局面，经济发展，人民生活未受影响。互保的各省也因免于战祸而完整地保留了政权、财政和军队，就连流亡西安的朝廷也是在东南各省的财力、物力和军队的支持下才得以苟延，稳定了半个中国，这也使得随后与八国的谈判具有了一定的筹码，从而避免了中国被彻底瓜分的命运。当然，“东南互保”是一种在万般无奈的情况下不得已而为之的策略，在中央政府瘫痪的情况下，也不失为一种权变。但“东南互保”的举措，无论从当时还是现在来看，无疑都超越了地方督抚的权限，在法理上是站不住脚的。毕竟，外交大权不属于地方，此举也暴露了清末中国权力的分裂——地方权力的增长和王朝中央权力的减弱。

到底该如何评价盛宣怀的“互保”策略呢？历来争议颇多。

传统的观点是：以张之洞为代表的洋务派官僚为了维护自身权益，置国家兴亡与民族大义于不顾，和洋人勾结，签订所谓的“东南互保”，事实上是一种卖国行径。另一派观点则是：在当时的历史背景条件下，中国近代工业已经初具规模，与其毁灭于一场不可能获胜的战争，不如退而求其次，保境安民，为了国家，努力保留一丝元气。

台湾的王尔敏教授在《拳变时期的南省自保》中

评价说："庚子五月，拳乱起于近畿，仇洋杀教，围攻使馆，以致酿成巨衅，东北尤罹浩劫。而南方各省，得免于兵祸，保全半壁河山，实由于各督抚应付得力，其重要关键，则在南省立约互保的成功。"另一学者戴玄之在《盛宣怀与东南互保》中同样认为："庚子拳乱，实近代史上一大奇迹，由于东南互保，始使风雨飘摇的中国，幸免瓜分之祸。糜烂仅限于大河以北，东南半壁未睹烽烟。"他们都对盛宣怀导演的"东南互保"给予了肯定的评价。

《东南互保章程》的达成，使东南出现和平局面，经过盛宣怀的四处活动，西南、中南也参加进来，成为"互保"范围，现在半壁山河已在"互保"之列，可如何将这和平局面推广至全中国呢？这个难题又在盛宣怀脑中萦绕，以"保东南，挽全局"为己任的他，认为只有议和这一条路才能使全国和平。

3. 最后的努力与奔走

早在光绪二十六年（1900）六月盛宣怀在致刘坤一、张之洞的电报中便有为议和而停战的思想流露，电中说："欲求万全之策，非先停战不可，欲停战非一面议和，一面自清内匪不可。"盛宣怀认为要想保全大清朝天下，就必须停战，停战又必须议和、"剿匪"。"剿杀"义和团是他的一贯坚持；而议和，他提出必须请李鸿章出面任首席谈判大臣，非李不行。

盛宣怀首先试探李鸿章的口气，李鸿章知道如果当此重任，不管签订何种条约，都会为自己又加一骂名，所以他极力推辞，说："国事大乱，政出多门，鄙人何能为力！"盛宣怀探得李鸿章的意见，非但不罢手，反而开始积极为李鸿章由广东总督调为直隶总督进行活动。他先去征求张之洞的意见："傅相（指李鸿章）督直二十五年，深得民心，若调回北洋，内乱外衅，或可渐弭。"张之洞不愿李鸿章重掌北洋大权，对此事也不愿明确表态，怕事后无法推卸责任，因而"顾左右而言他"。盛宣怀不仅征询张之洞意见，还发电给刘坤一，希望刘、张二人联名共推李鸿章，并说此举可"冀救万一"。张之洞不置可否，刘坤一则一口回绝："傅相还镇一节，似未便具奏。"但这个答复并没有使盛宣怀灰心，他仍然力倡李鸿章。由于各督抚害怕李鸿章回任直隶会和裕禄发生矛盾，盛宣怀乃直接向握有实权的军机大臣荣禄试探，在痛陈利害得失之余，告以"李鸿章督直二十五年，久得民心，威名素著，即调令督直，限十日到津，于平内乱及劝阻洋兵进京，必能做到"（宋路霞著：《盛宣怀家族》，上海科学技术文献出版社2009年版）。这里，盛宣怀极力吹捧李鸿章的能力，说什么李鸿章如果去天津就能平定内乱和劝阻八国联军进北京。当时的清朝统治者正被义和团显赫声势和八国联军的大炮吓得惶惶不可终日，听说李鸿章能“平内乱”和“阻洋兵进京”，自然是万分高兴了，焉有不允之理。随着形势的发展，清政府也迫切感到只有让李鸿章出面收拾残局了。光绪二十六年六月十二日（1900 年 7 月 8 日），李鸿章临危受命，被任命为直隶总督，以全权大臣资格与列强和谈。这一切都按照盛宣怀预想的进行着。李鸿章被任命后，盛宣怀即刻电告在广州的李鸿章：

> 洋兵到京尚需一月，顷商各领事，如各使尚存，除德国外，似可先议停战之法，或送中堂进大沽，或送外使到上海，彼此可商。事极急迫，务请师速到上海再筹进止。愈迟愈难，此正不俟驾而行之时矣（宋路霞著：《盛宣怀家族》，上海科学技术文献出版社 2009 年版）！

电中盛宣怀不仅要求李鸿章疏通外国领事，还为李鸿章安排了谈判地点，甚至于替李安排了谈判次序，真可谓万事俱关心。李鸿章从广州抵达上海，是留在上海还是继续前往天津，又是盛宣怀作出了决定：暂停上海。因为“吾梦未醒，彼忿未泄，势难停战。既无开议凭据，难入津门，恐只能遵旨陆行”（盛宣怀著：《愚斋存稿》卷三十二，上海人民出版社 2018 年版）。

陆行显然在拖延时间，等时局发展更为紧迫时再捞取更大的权力。果不其然，七月三十日（8月24日），李鸿章在议约“全权大臣”的头衔上又被加上了“便宜行事”的特权。这样，盛宣怀请李鸿章出面议和的目的终于达到了。

清朝大臣——荣禄

和谈能否顺利进行，通信联络是否畅通无阻尤为重要。盛宣怀为使和谈顺利进行，所做的第二项工作就是修复电线。义和团运动期间，铁路、电讯都遭到严重破坏，电线被割断，电线杆被连根拔起。这些情形盛宣怀早有奏报：“窃自拳匪事起，京师至保定电线首被拆毁，曾不逾时，京津一路继之，津德一路又继之，山西、河南无洋兵无拳匪之地亦继之，驯至晋、豫、直隶、山东省境内荡然无一线之遗。”（《清史稿》卷一百五十一）足可见电线被毁情况多么严重，修复工作已提上日程。电线的破坏，使南北联络极为不便，盛宣怀提议修复，理由十分充分：“自夏徂秋，南北隔绝，中外阻塞，朝廷之指挥，封疆之机要，两不相及，贻误实多。”（李春光编著：《清代名人轶事辑览》，中国社会科学出版社2004年版）理由可谓是为国为民，可为何他偏偏抢先修复京、津地区？这些地区正被八国联军占领，应说修复工作很难进行的。他致电上海总领事，请求允许派人通过占领区修复电线，以利通讯：

> 敬启者：前因拳匪肇事，京、津一带电线悉被折毁，以致消息不通，颇为窒碍。今大局稍定，将来需用电线之处，尤为繁要，所以敝电报总公司拟即派人前往修复，但所经过之区，现为联军守护，敬请贵领袖领事邀集各国领事会议发给一信与修线工员，面呈天津各国领事，向各国统带请发护照，俾各工匠迅速前往修理，以应急需，总期以最早兴工为要（《清史稿》卷一百五十）。

修复京、津电线，就是为和谈准备通信条件，“西巡”的慈禧可以迅速知道和谈情况，他盛宣怀又可以从中操纵了。

和谈工作准备就绪，李鸿章开始出马商谈了，盛宣怀在其中又扮演了什么角色呢？

议和谈判名为在清政府代表和列强代表之间进行，而实际上却是列强之间为分赃所进行的激烈的争吵，李鸿章只是签字代表，而无和谈权力。经过近一年的争吵，彼此的均衡、争夺和妥协，于光绪二十七年七月二十五日（1901 年 9 月 7 日），11 国（8 国加上比利时、西班牙、荷兰 3 国）强迫清政府签订了《辛丑条约》，主要内容有：①赔款，中国向各国赔偿白银 4 亿 5000 万两，分 39 年付清，年息 4 厘，以海关锐、常关税和盐税作担保。②武装监视清政府。③建立侵华大本营——使馆区。④惩办“首祸诸臣”，禁止中国人民成立或加入反帝性质组织。⑤改总理衙门为外务部，提高外务部地位，以使操纵中国对外机构。《辛丑条约》最后的签订，使慈禧大大舒了一口气，列强没有把她当作“祸首”惩办，任何条件她都答应，还恬不知耻地说：“量中华之物力，结与国之欢心。”虽说如此，重重的 4 亿 5000 万两赔款又如一块巨石压在她的心头，中国刚遭蹂躏，本已困极，又赔巨款，如何筹集？又让谁来筹集？这些都是难以解决的问题（参见姜正成主编：《中华商圣系列：实业之父盛宣怀》，中国财富出版社 2015 年版）。

对于这个难题，中央和地方官僚都十分清楚，还在条约未签订前，盛宣怀就对列强提出的议和 12 款作了深刻分析：“大纲十二款已奉谕允，详目以赔款担保为最难。税厘并征，圜法画一两事，公所心许。近日人皆知加税有益矣，尚未知圜法好处，可惜！”可见，盛宣怀不仅知其难，而且还提出了解决难题的一些办法。前几章已经讲述盛宣怀办实业的情况，铁路、电讯、轮船招商局、煤矿等都办得有声有色。在清政府和诸大臣眼中，盛宣怀是理财巨匠，这筹款难题自然由他来解决了。与盛一贯要好的权臣都力荐盛宣怀，张之洞说："诸事皆请李相、岘帅主持，杏翁筹画，鄙人于改约筹款均属浅陋粗疏。"袁世凯则直接告盛宣怀："大纲已允，可望就绪，担保赔款，惟有公任司农，香入枢府，弟等竭力奉行，或可取信于人。"李鸿章更为直率请盛出马："赔款恐须俟弟（指盛宣怀）来京再商。"刘坤一则打算联络几省督抚共同向朝廷推荐盛宣怀。既然众望所归，清政府岂得不答应？何况，慈禧也同样属意盛宣怀。大家都依赖盛宣怀，他就"官运亨通"了（参见常州图书馆：《亦商亦官的晚年》,《常州文史资料之十大名人资料——盛宣怀》）。

光绪二十五年（1899），盛宣怀两度高升，初为内阁宣谕"盛宣怀补授宗人府府丞"，再是上谕"着允会办商务大臣"。盛宣怀对这些升迁表面上似乎很谦逊，说："正恩藏拙，恩擢一阶。又须看大局为进退之据。"盛宣怀不仅没有"藏拙"，反而进取不迭，他看准了光绪二十五年（1899）中国形势，正是他大显身手之际，怎么会"看大局为进退之据"？这也是他盼了多年要"做高官"的大好机会，岂能错过（参见常州图书馆：《亦商亦官的晚年》,《常州文史资料之十大名人资料——

盛宣怀》）！

既当此职，便为此事谋划，当和约中最后订定的赔款数目定下来以后，盛宣怀即及时献策，他的办法是与赫德截然相反的。赫德曾任中国海关总税务司，他所提出的筹款办法于中国极为不利，并企图控制中国全部税收。盛宣怀针对此策，提出自己的方法："赫德前拟四五十年内每年须筹三千万，系指分期四五十年本利一并在内。如能不借银行之款，即与各国商定担保之法，分年归还，免出利息，数目不必商减，便宜实多。"按照盛的办法，可为国家省几万万两白银，也可谓爱国了。这个主张，得到张之洞的赞赏，认为盛宣怀对赔款一事，能够做到"不借款而以他事他物担保，既省息，又免扣，可省数万万。极为善策"。具体筹款办法，盛宣怀则认为"非另起炉灶，提倡理财"不可，否则"必坐两病""一则各国自定办法，利权外操，一则进款尽还洋债，困不自支"（盛宣怀著：《愚斋存稿》卷二十，上海人民出版社 2018 年版）。

为了防止列强各行其是，国家利权外失，还有国家收入全部偿还赔款，将会国困不支，盛宣怀在回答荣禄问题时提出了自己的筹款方案：

一则定数之后，分开应赔某国若干，即由国家分年缴还，某国以开矿等自然之利偿其应得之息，如其兵费原系借债而来不得不认息，但被强国借款息甚轻，彼代借较我自借稍易。

一则专指关税抵还，照去春原议专指洋货加税，约可得其半，如连土货一概加税，数年后 3000 万似有把握，姑拟岁缴 2000 万为度。其余田赋、盐课、内地税、印花税、钞票农商应增各进款，以及裁改各出款，与彼无所谬辐者，皆当留为后图。

这两策是以侵害民族权益作为筹款办法的。第一策中，出卖矿权，用矿产来抵赔款；还自认外国兵费利息，对于外国列强为入侵中国筹集兵费所借的款项利息，也一并偿还，而且还很认为占了便宜，外国人借钱利息比中国人借外债利息低，真是可叹！第二策中，除了洋货加税外，都是要加重人民的负担，增加税收，加层剥削，榨干百姓，还想在赔款之外另有款项，以便“留为后图”。从对以上两策分析看出，盛宣怀并没有提出什么真正的理财政策，也没有提出振兴经济，加强清政府财政收入的好方法，只是提出如何再剥百姓一层衣来还赔款的所谓“良策”。这不过是竭泽而渔罢了，如照此执行，必将使贫弱的中国更加贫弱，困苦的百姓更加艰难。

盛宣怀提出的筹款“良策”完全符合清政府统治者的意图，他们可不想通过什么“变法维新”走向自强，那样会直接触犯他们的政治利益和经济利益。盛宣怀的不温不火的“变法”方案，不触动他们的经济利益。

不用他们掏腰包拿钱的筹款方案，怎能不令他们满意？盛宣怀愈加得到清统治者的赏识，自从光绪二十五年（1899）他导演“东南互保”到辛亥皇族内阁成立，盛宣怀得到殊多桂冠,真是让他实现了“做高官”的梦想。做了高官，就要为自己实业利益着想了。办实业，在近代中国，必须依靠帝国主义，这种依赖决定了盛宣怀对帝国主义既抵制又妥协。

铸币与办银行有联系，同属于金融范围，但又有自己的独立性。盛宣怀既有一套铸币思想，也早就有铸币的试验。

鸦片战争前后，外洋银元入侵，行用方便，占夺了块银纹银之权，国内先进思想家、政治家们即有试图改革币制的想法。林则徐在江苏巡抚任内曾铸银饼流通于市场，魏源对于铸币且有理论性的论述。他一则曰“仿铸西洋之银钱，兼行古时之玉币、贝币”（《默觚下·治篇五》）；再则曰“官铸银钱以利民用，仿番制以抑番饼”（《魏源集》第483页，中华书局2018年版）。这里用铸银元及其辅币利民用和抵制洋钱的思想是明显的。所谓“仿番制以抑番饼”，是“师夷长技以制夷”思想在经济上的运用。铸币是商品经济发展的必然产物，但由于清政府的腐朽，不能及时反映经济发展的客观要求，直到光绪十五年（1889）张之洞在广州才开始正式铸造银元，以与洋钱抗争。盛宣怀试造银元却早于张之洞。

盛宣怀在经营近代工商业的实践中，深感铸币的迫切需要，于光绪十二年（1886）正任山东登莱青道时，即曾奉“醇邸命……回津筹议（用机器铸银币）办法”，并在烟台试铸。他报告山东巡抚张曜说：“职道到烟以来，募匠试铸，总以钱可适用，银不亏耗为主。”盛宣怀将试铸的银钱曾送李鸿章验看，李鸿章答：“银洋钱花纹甚佳。此事造端宏大，非农部同心主持，不能开办。得人尤难，钢模应缓制。”铸币牵涉到国家币制，堪称“造端宏大”，不是一位中级官吏的道员所能承担的重任，只能作罢。但盛宣怀是较早地把铸币付诸实践者之一员，在这一点处于时代前列（参见常州图书馆：《亦商亦官的中年生涯》，《常州文史资料之十大名人资料——盛宣怀》）。

光绪二十一年（1895）屈辱的《马关条约》签订后，在一片振兴自强声中，盛宣怀及时地提出铸币的意见。在这个意见中有两点表现了鲜明的先进性。其一是民族性。他说：“官铸银元，使其上下通用，中外通用，不特使元宝及杂色碎银俱可铸成银元，且可收罗洋银改铸华银，徐禁他国银币不准通用，实系塞漏卮之一端。”其二是币由官铸但需照商务办法。他说：“中国铸银系国家圜法，成本无多，获利甚厚。自应归官局办理，未便作为公司。但当通融悉照商务办法，不可绳以官例，方免亏折成本。”这种要在币制方面收回利权和按商务原则铸币以做到有利可赢，都是正确的。这两个积极思想，在此后又有所发展。

光绪二十二年（1896）十月，在盛宣怀有权直接奏事的第一个奏折《条陈自强大计折》中，把办银行和自铸银币作为重要一目上呈。其中强调得最多的，首推货币自主抵制外币通用。他在奏稿中明确地说：“臣愚以为国家圜法，自古及今，皆自为制度，随人趋步，各国所无。”（《皇朝经世文新编》卷一）这是非常鲜明的金融自主的态度。为了这，他不以已铸的 7 钱 2 分重的银元为然。自鸦片战争以来，墨西哥等国的 7 钱 2 分银元在中国市场上通行已多，中国自光绪十五年（1889）张之洞仿铸这种银元以后，各省仿铸亦不少。盛宣怀认为，中国所铸银元分量与进口洋钱相同，难以起到抵制的作用，而主张铸 1 两重的银元。他说：“本国只准通用本国银币，不准兼用他国银币，所以严守其自主之权利也。”若效法墨西哥元，难以自主，弊端甚多（《谨拟筹饷事宜》，盛宣怀著：《愚斋存稿》卷三，上海人民出版社 2018 年版）。他写道：

> 中国圜法不自为政，自铸银币，与他国银币并行不悖，将来英、法、德、俄、美、日各币俱来，先由租地浸灌内地，无计禁阻，而自然大利为外人分夺。其弊一。

京局与各省局同时并举，并铸元而不铸两，仍不能废两而为元，必致有时无银可铸。其弊二。部库搭收，仍当以分两为准，如解库一百元，只能作银七十三两，而十成足色变为九成，无可贴补。其弊三。搭放兵饷一百元，必须作银七十三两，如值市面鹰洋，跌价作七十两，则龙元亦止能作银七十两，即如京城目下龙元止能换银六钱八分。其弊四（《寄张香帅》，《愚斋存稿》卷三十四）。

这一段话主要说明一个问题，即中国铸造 7 钱 2 分重的银元，货币就难以做到自主。因为，那样外币将与华币混淆使用；府库用“两”，市场用“元”，实际上存在两种货币，不能画一；龙元随洋钱涨落而涨落等。盛宣怀说：“圜法之乱，何以为国！”这个愤激之辞，是点到了半殖民地社会当时的要害的。

然而，盛宣怀虽认为铸 1 两重的银币无甚弊病而反对铸 7 钱 2 分的银元，但亦未把话讲绝。他说：“管见亦非敢谓七钱二分者不足为常经，但能废两则亦可画一矣。”（《寄张香帅》，盛宣怀著：《愚斋存稿》卷三十四，上海人民出版社 2018 年版）话虽讲得灵活些，但“废两”在当时是办不到的，因而用“元”就不能“画一”，故实际上还是不同意铸元。所以过两年之后他把原意说清楚了：“窃不敢谓七钱二必不应铸，但恐中国不能废去几两几钱几分几厘；即能废两为元，亦与外国银元永远并行，作价任其高下，难以自主，难以画一，难以塞漏卮保利权，难以铸铜币行钞票。”这接连四个“难以”，说明了铸元废两是不能达到货币自主的目的的。为了证明自己论点的正确，干脆拿出几十年“步趋”西人的危害说：“凡变法不从源头做起，虽变无益。此二十年来学步西法无益之证明也。”所谓“源头做起”，即清廷部库也必须以市面通行的货币为准。绝不能市面流通的货币为 7 钱 2 分的“元”，而部库收支却是用“两”。这就是说部库如能亦废“两”为“元”的话，他也可不坚持非铸两不可。所以就在同一天，盛宣怀对于粤督陶模所说的“轻重似以 7 钱 2 分为便”的意见，报以“极是”的赞许。这就是说，如对外币起抵制作用和内部上下币制画一能做到，也可以同意铸 7 钱 2 分的“元”。故在张之洞、刘坤一等督抚会奏亦表示铸 7 钱 2 分的元为宜之后，盛宣怀于光绪三十年（1904）也不得不作“银元铸七钱二，如能一律，亦无不可”的表示（《寄刘岘帅、张香帅》，盛宣怀著：《愚斋存稿》卷五十五，上海人民出版社 2018 年版）。

从一般道理说，盛宣怀的币制“自主”和“画一”是对的，坚持只要能做到这两点，7 钱 2 分制或 1 两制均无不可。问题是，在当时情况下，“画一”做到了，“自主”难以做到。当然，坚持“自主”的主张，与是否能做到“自主”是两码事。但坚持“自主”还是可取的。故当他作“亦无不可”的表态时，美国会议银价大臣精琪来沪与盛宣怀会谈，盛立定了一条规则，那就是货币画一等问题，不允许“令外人干预，以尊主权而免攘利”。

光绪三十四年（1908），清王朝在全国人民要求实行立宪民主制的呼求声中，被迫将“预备立宪”提到日程，在币制上问计于盛宣怀。盛认为“立宪最重理财”，理财“先齐币制，以裕财政”。怎样就能“齐币制”呢？他说“非专用圜法不可；欲专用圜法，非确定十进位不可”（《大清宣统政纪》卷九）。他总结过去改革币制的经验说，应如日本那样，将“银行与币局联络一气”，中国从前“所造龙元未足抵制墨银，继造铜元，转以加增民困，皆官自为之，与商民隔膜，则不归银行管理之病也”（参见庞忠甲著：《货币的逻辑：人人都必需读懂的货币常识》，中国友谊出版公司2014年版）。这实际还是他原来的按商务原则铸币的意见。这种币制与银行相联、币制十进位、画一币制等，都是很有见地的，对日益发展的资本主义商品经济，必将起到有益的促进作用；对于清政府的统治当然也是有利的。无怪乎孙宝琦（慕韩）称盛宣怀为“海内通达财政币制者，惟公首屈一指”（盛宣怀著：《愚斋存稿》卷七十，上海人民出版社2018年版），亦无怪清廷于

1910 年 8 月授予他“帮办度支部币制事宜”的制币权。然而，清王朝在民主革命高潮中已危如累卵，整个专制制度已到了栋折榱崩的程度，币制改革无补于危局！

4. 铁路风波与被革职

清朝末年，清廷铁路风波对盛宣怀来说是一次沉重的打击。

1911 年 5 月 4 日，给事中石长信上奏朝廷：“将全国关系重要之区，定为干线，悉归国有。”尤其指出，“粤、汉直贯桂、滇，川、汉，远控西藏，实为国家应有之两大干路……断非民间零星凑集之款所能图成”（《清史稿》卷一百四十九），并且在折中指责广东绅士争权，办路甚少，湖南、湖北又集款无着，徒糜局费，四川绅士树党，各怀意见，以致粤汉、川汉铁路“溃败延误”。清廷遂将此折转交邮传部议奏。

1911 年 5 月 9 日，邮传部大臣盛宣怀奏复，极力附和石长信，请朝廷明降谕旨，晓示天下。就在这一天，清廷向全国宣布：“干路均归国有，定为政策。”（《清史稿》卷一百四十九）命将以前各省公司集股商办的铁路干线，从此由国家收回；从前批准兴办的铁路干线各案，从此一律取消。清廷还声称：“如有不顾大局，故意扰乱路政，煽惑抵抗者，即照违制论！”（《辛亥四川路事纪略》）由此改变了自光绪二十九年（1903）以来实行的开放筑路政策。

清廷宣布了铁路干线国有政策之后，于1911年5月18日任命原两江总督端方为督办粤汉、川汉铁路大臣；5月20日，盛宣怀在北京与英、德、法、美4国银行团（汇丰银行、东方汇理银行、德华银行等）签订了《湖北、湖南两省境内粤汉铁路、湖北境内川汉铁路的借款合同》，又称《湖广铁路借款合同》，借款600万英镑，由4国均分承办，年息5厘，期限40年，以两湖厘金及盐厘税捐作抵押……把刚收回来的路权改为由官方借款、官方承办的国有化，这种做法即刻被地方商绅和革命党抓住了小辫子，认定是出卖路权、出卖国家的行为，他们在全国振臂高呼，与铁路搭界不搭界的人均群起而攻之，终而酿成全国性的轩然大波。

各地民怨的“干柴”，一下子就被这铁路国有之“火”点着了。湖北、湖南、四川、广东，下至百姓，上自官绅，互通声息，互为联络，办报纸，搞集会，街头讲演，罢市罢课，纷纷抗议朝廷“铁路国有，失信天下”，提出“流血争路，路亡流血；路存国存，存路救国”的主张。长沙各界万人集会，一致主张湘段铁路完全商办，并呈请湖南巡抚杨文鼎电奏朝廷，将发布的谕令收回：“如不得请……定即集全力抵抗！”广东的粤汉铁路有限公司股东1000余人集会，提出“路亡国亡，政府虽欲卖国，我粤人断不能卖路”，成立了广东保路会（参见陕西穆斯林编委会编 :《马德涵先生纪念文集》，2013年《陕西穆斯林》特刊）。

四川是保路运动发展最为迅速、最为激烈的地区。1911年6月18日，川路股东4000余人在成都开会成立了四川保路同志会，确定了“破约保路”的宗旨，一方面派讲演团赴各地讲演，宣传发动群众，联络其他各团体；另一方面选派代表进京请愿，力图迫使清廷解除与4国的借款合同，恢复商办铁路。

盛宣怀怎么也想不到，仅仅是个铁路政策的变化，就引来了漫天大火。当年修筑卢汉铁路（京汉铁路）也是向比利时借款修筑，那1250公里的南北大动脉为民造福，不是有目共睹吗？为什么现在仍按旧法借钱修路，就变成卖国了呢？所以他认为此中一定有乱民造反，借题发挥，他力促朝廷不能姑息，应当果断处理。

朝廷自然也不愿俯顺舆情，诬指保路运动是借端滋闹，将赴京代表押回四川，又命川督赵尔丰多派兵员，实力弹压。8月24日，川汉铁路召开股东大会，认为清政府已不认川民了，于是决定全体股东不完捐税、不纳丁粮，商民停止贸易，学堂一律停办……成都罢市后，数十州县闻风而动，卷入罢市斗争。9月，斗争发展为全省抗粮抗捐，金堂、新繁、彭县、灌县等地发生群众暴动（参见姜正成主编：《中华商圣系列：实业之父盛宣怀》，中国财富出版社 2015 年版）。

这场轰轰烈烈的保路运动的矛头很自然地指向了始作俑者盛宣怀。盛宣怀虽然一向敌视保路运动，但在汹涌澎湃的革命风潮面前不得不作出一些让步的姿态，如允许原规定的无利股票必为有利股票；对四川可允商办，但需限定时间完成等。但干路收归国有，“如不能坚持始终不如勿为，为之则必坚持到底”的基本政策不变，积极用兵镇压的主张不变。他以四川兵警皆川人而俱不用命，一会儿请鄂督瑞澂从宜昌调兵赴重庆保护商埠，一会儿请云贵督抚调近川之处的统将带枪队 1000 人驰往，以期震慑和解散革命群众。但运动的发展，完全出乎盛宣怀的预料，让步既未奏效，用兵镇压正如赵尔巽所说，犹抱薪救火，愈烧愈旺。盛宣怀最后不得不作宽猛两难之叹。

清朝大臣——赵尔丰

汹涌的保路风潮丝毫没有撼动清王朝和盛宣怀坚持铁路国有政策的决心。四川总督赵尔丰奉清廷旨意，诱捕咨议局正、副议长蒲殿俊、罗纶以及保路同志会和川路股东会的负责人。消息传开，数万群众到督署请愿，要求释放蒲、罗等人。赵尔丰按清廷和盛宣怀的意旨，下令军警向手无寸铁的群众开枪，当场打死 30 多人，造成骇人听闻的成都血案。这下天下真的反了，四川保路运动迅速向反清起义发展，中国同盟会的革命党人与资产阶级立宪派联合起来，迅速掀起了全川的武装暴动。清廷命令端方自湖北带兵前往镇压，部分鄂军西调不久，湖北方面便响起了武昌起义的枪声。辛亥革命爆发了！

盛宣怀一心只想着铁路问题，他还不明白经济与政治的微妙关系呢，过去朝廷里的政事如帝党后党之争，他一向不愿介入的，然而他一不小心，却成了一场政治斗争的导火线和中心，这大概是盛宣怀到死也没想明白的事吧。

政治运动的发展一向是不以人的意志为转移的，清廷既然拿不出新一茬的曾国藩、左宗棠、李鸿章那样的重臣干将来维持局面，那么等待他们的就必然是灭顶之灾。

1911 年，炽烈的四川保路运动很快形成了燎原之火，湖北革命党人决定利用这个大好时机，在武汉发动起义。被誉为“九省通衢”的武汉是当时国内仅次于上海的第二大城市，是帝国主义侵略的重要据点和清朝反动统治的一个重心，也是资产阶级革命力量发展迅速的地区和各省革命党人联系的枢纽，革命与反革命的斗争在这个地区格外激烈。自光绪三十年(1904)武汉第一个革命团体科学补习所成立以来，湖北革命党人便把新军作为进行革命活动的主要工作对象。科学补习所设有专门负责新军工作的干事，不断将青年学生、会党群众输送入伍，努力扩大新军中的革命力量。虽然革命团体曾多次遭到破坏，团体的名称被迫一再更换，但从日知会、湖北军队同盟会、群治学社、振武学社，直到文学社以及共进会等革命团体，都有许多革命知识青年以当兵为掩护，长期潜伏在军队里进行艰苦细致的宣传工作和组织工作，始终坚持不懈。根据多年积累的秘密工作的经验，革命党人在湖北新军的标（团）、营、队（连）各级都推举了他们的代表，组织网遍及湖北新军各基层单位，参加革命组织的士兵群众达五六千人，占湖北新军总数的1/3左右，为武昌起义的发动奠定了坚实的基础。

1911年8月，四川保路风潮扩大，在盛宣怀的建议下，湖北新军一部即将调入四川，湖北的革命力量有被削弱的危险。湖北革命者决定加紧行动，共进会和文学社两个革命团体在同盟会中部总会的斡旋下决意联合行动，于9月24日组成统一的起义领导机构，推举文学社领导人蒋翊武为湖北革命军总指挥，共进会领导人孙武为参谋长，两团体的重要骨干刘尧徵、彭楚藩为军事筹备员。他们拟订了起义的详细计划，推定了武装起义后军政府的负责人，草拟文告，派人到上海迎接同盟会领导人来鄂主持大计，同时和邻近各省进行联系，策动响应。

这时，孙中山正在海外筹款，接济国内的革命活动。在香港的黄兴接到有关湖北情况的报告后，随即复函赞成在武汉发动起义。不过，他要湖北革命党人等待孙中山筹措到资金购买军火后发动。湖北革命党人则认为起义时机已经成熟，不能等待。

湖北革命党人原本拟定农历八月十五中秋节（10月6日）举行起义，因为准备不充分而延期。10月9日，孙武在汉口俄租界制造炸弹不慎引爆，招来沙俄巡捕，孙武因逃匿住院，准备起义的旗帜、符号、文告、印信等如数被搜去。次日，设在武昌指挥起义的秘密机关又遭到破坏，彭楚藩以及刘尧徵等被捕，蒋翊武得以逃脱。湖广总督瑞澂下令全城戒严，按照查获的名册搜捕革命党人。

辛亥革命时期的孙中山

起义活动已经呈现出一种群龙无首、混乱不堪的状态。但革命党人与新军中的革命士兵群众，一点儿也没有畏惧退缩，在丧失指挥机关的紧急情况下，主动联系，坚决发动了人民起义。

10 月 10 日夜，新军工程兵第八营的革命党人最终打响了起义的第一枪。他们愤怒地打死镇压起义的反革命军官，几十人冲往楚望台军械库抢夺弹药。军械库中的革命士兵们与之呼应，一举攻占了楚望台。紧接着，步、炮、辎重各营以及军事学堂学生大约 5 个营兵力纷纷起义，分别攻占了凤凰山、蛇山等制高点，经过 3 次激烈的猛攻，到次日早晨 7 时许，最终攻占了总督衙门以及藩库等重要机关。湖广总督瑞澂落得个破墙而逃，狼狈地爬上停泊在长江边上的楚豫舰；镇守武昌的第八镇统制张彪也仓皇出逃，逃到汉口张家庙避难；不到 12 个小时，起义军便占领了武昌，开始讨论成立军政府了。革命党人自感资望太浅，遂推举湖北新军第二十一混成旅协统黎元洪为军政府的大都督。黎元洪原是水师学堂毕业生，后应张之洞之召，随德国教官训练湖北新军，由管带升到协统。他本是清廷的武官，前一天还在惩办起义士兵，想不到第二天就被拥立为起义军的头头。他是被起义士兵从他躲藏的地方搜出来，强拉到会场被迫就任的。如果说当年袁世凯练新军，练出了一帮北洋军阀的话，那么张之洞练新军，却练出了武昌起义！

武昌起义爆发后，盛宣怀主动缓和与袁世凯的矛盾，请他出山。他认为当时只有袁世凯有实力和能力将辛亥革命镇压下去，以维护清朝的统治，所以他极力向清政府推荐重用袁世凯。袁世凯则以足疾推脱，实际在暗地里观察形势。

此时的盛宣怀已是千夫所指：人民革命因反对晚清王朝而仇视盛宣怀，怨恨他在清王朝的统治中所起的作用；王朝由各省代表议员组成的资政院也成了集中围攻盛宣怀的场所，攻击最猛烈的还是保清的一批人。

1911 年 10 月 25 日，清政府内阁资政院召开第二次会议。资政院是 1910 年成立的，目的与刚成立的内阁一样，是为君主立宪改革做准备的，算起来应该视作国会的前身。然而，由于清廷在成立国会问题上的决心和诚意不够，大多数立宪派倒向了革命一边，继之保路运动和武昌起义爆发，大清国的政治形势已经完全失控。中央政权危在旦夕，王朝的覆灭似在覆手之间。资政院会议在风雨飘摇之际召开，主题很明确，就是要讨论迫在眉睫的爱新觉罗政权的危机。学部右侍郎、议长李家驹主持会议，按照议事日程表提议的“内忧外患，恳请标本兼治，以救危亡具奏案”（雪珥著：《凄惶功狗盛宣怀》，《广州文史》2011 年 9 月刊），请提议议员说明主旨。

而会议一开始，所有的矛头都指向了一个人。这个人正是主张“铁路国有”而引发形势失控的皇族内阁邮传部大臣盛宣怀。议员罗杰登台说，他所提议案的主旨有二：治标和治本。治标的方法又有两种：将邮传部长盛宣怀、四川督抚赵尔丰和湖北督抚瑞澂按律严惩。理由是盛宣怀主张铁路国有和从4国银行团借款筑路一事，既没有交付内阁讨论，又违背资政院章程；四川督抚赵尔丰先赞助保路同志会，后来又诋毁人家是匪徒，激起大变；湖北督抚瑞澂对民变事先没有防范,一旦事发又弃城逃跑。这3个人的罪过太大。如要从宽解决，就要释放四川咨议局议长，对湖北的民变不妨设法平息，使其能够散去。说完，罗杰又接着谈治本之法，即必须实现三个条件：一是召集国会，通上下之情；二是组织拥有完全行政权力的内阁；三是巩固宪法中的言论、出版和结社集会三大自由，人民有了这三大自由，就不会造反作乱。

大家均大呼同意，许多人甚至起立表示赞同。之后提案的是要求惩治盛宣怀的议员牟琳和易宗夔，两人历数盛宣怀在法律和政治上的失误，严词要求将盛宣怀“明正典刑”，杀一人以谢天下。议员刘荣勋也随之附和说：朝廷自下旨实行君主立宪，革命的言论一日少似一日，如果不是盛宣怀提倡铁路国有，也不至于民心丧失，让革命党有可乘之机，至今情形益发不可收拾，因此，他高呼盛宣怀其罪当诛。资政院内一片倒盛之风，情形对盛宣怀十分不利。盛宣怀所在的邮传部特派员陆梦熊要求发言，即被众人喝止，还遭攻击，说他是在为盛宣怀开脱。

人声复人声，嘈杂复嘈杂，资政院内倒盛情绪高涨，好像不扳倒盛宣怀誓不罢休。用易宗夔的话说，一弹不准，就再弹之，再弹不准，就三弹之。就在一片不杀盛宣怀不足以平民愤、不开国会不足以谢天下的呼声之中，下午 4 点 25 分，议长宣布散会。

资政院就这样给盛宣怀宣判了。由各省议员组成了资政院，是清政府为了敷衍改革、欺骗群众而成立的表面上的民议机构，它实际上是站在维护和支持清朝统治的立场，但为了表示自己代表民意，他们必须要找个目标来进行攻击，以从侧面达到维护清朝统治的目的。他们选定了盛宣怀这个对他们来说再合适不过的目标。他们认为,保路运动和辛亥革命之所以发生，都是盛宣怀处理事务不当、激起民变造成的，盛宣怀就这样成了清政府的“替罪羊”。

这一天，盛宣怀先是如坐针毡，继而忧心如焚。天黑之前，他在忐忑不安中等来了从资政院回来的陆梦熊。尽管千夫所指的命运已在意料之中，但陆梦熊带来的消息仍然让盛宣怀感到不寒而栗。他对大清王朝是那么的忠心耿耿，不仅反对保路运动，也反对辛亥革命，在这一点上，他与资政院的立场是一致的！他要为自己辩解，以力求取得他们的谅解。他连夜起草奏稿，对资政院对他作出的“违宪”“乱法”“激兵变”和“侵君权”的指控，作出回应。同时他仍凭借自己掌握的铁路、轮船、电报等优越条件和他多年经营的企业、银行等经济实力，竭尽全力参与策划和支持清政府镇压辛亥革命。

然而，为了缓和矛盾，清政府不得不下令摘去他的顶戴，盛宣怀被革除了邮传部大臣的职务，且“永不叙用”。

1911 年 10 月 28 日，被革职后的第二天，盛宣怀逃离了北京，经天津去青岛。不久，上海、江苏先后宣布独立，民军筹集军饷，首先将目光集中在了众怨所集而又广有财富的盛宣怀身上。当时谣传他贪污所得的家产有 5000 万两之多，苏州老家和散处苏、常各地的盛宣怀财产遭扣押充公，并勒令捐款助饷。幸好于太夫人故世，留下的四房老姨娘及他房少奶奶等被驱赶出门，她们纷纷赶往上海向庄氏夫人畹玉求救。畹玉此时也难保自身，她在给盛宣怀的信中写道：

> 我在格哩饭店时，革命党暗嘱马夫如能将我拖至华界，即赏银一万两，倘敢暗通信与主人，即立刻枪毙。外边情形如此，家中又有张氏、柳氏（盛宣怀小妾）、

富氏及已故刘氏之兄刘光山夫妇合同革党，拟谋我命，竟令我寸步难移。长此坐守家中，如何了局（董月梅著：《盛宣怀与中国第一家银行》，《南京史志》1998 年第 03 期）？

盛宣怀心中顿感凄凉，自己辛苦一生，不仅不能自保，亦不能保护所创办的洋务事业，甚至和睦的家庭此时也四分五裂。

盛宣怀被革职两个月后，一艘轮船从中国大连港出发，开往日本。大海之上，水天茫茫，故国渐渐从 67 岁的盛宣怀眼中远去，他从此踏上了流亡之路。随行的有日本顾问高木陆郎等，高木一直跟随在盛宣怀的左右，名为保护，实则是日本正金银行财团派来监视盛的。汉冶萍公司由盛宣怀签字，曾以矿山厂房、机械，甚至包括汉阳的房产作抵押，先后向日本银行借款 1200 万日元，当然日本并非担心“汉冶萍”还不出钱，此次诱逼盛宣怀去日本避难，又派人监视他，是希望通过中日合资的形式吞下“汉冶萍”，以据为己有。盛宣怀知道这件事的分量，他是不会轻易答应的（参见姜正成主编：《中华商圣系列：实业之父盛宣怀》，中国财富出版社 2015 年版）。

历史就像是开了一个玩笑。就在盛宣怀迫不得已外出流亡的前几天，另一个流亡者恰好归来，这个归来的流亡者就是孙中山。盛宣怀依稀记起，17 年以前，他的挚友郑观应曾经来信，向他举荐过这位年少英俊的孙医生。盛宣怀抵达日本的当天晚上，他自当地的华文报纸上看到一条新闻：孙中山在南京就任中华民国临时大总统。

船抵达日本长崎港口，上岸小住后，盛宣怀发现周围革命党人和清朝官员往来较多，唯恐被人发现，就暂时将财产没收的事情放在了一边。次日，盛宣怀又急忙转往神户盐屋山，寄寓东方旅馆，并花钱请警署派来两名日警保护。后因旅馆开销太大，盛宣怀在附近山上租屋 8 间，居于深山茂林，每日读书写字，颇为清净。

辛亥革命后，国民政府财政困难，想通过盛宣怀与日本洋行的旧谊，借巨款发军饷。孙中山先生曾表示："民国于盛并无恶感情，若肯筹款，自是有功，外间舆论过激，可代为解释。"（参见宋路霞著：《盛宣怀家族》，上海科学技术文献出版社 2009 年版）他和黄兴先是派代表何天炯到日本向盛宣怀提出以汉冶萍公司名义向日本银行借款或洽谈中日合办，后孙中山又觉得合办不妥，改而主张借款。盛宣怀据此看出南京政府极缺钱但又不愿承担出卖汉冶萍厂矿罪名的用意，但他们哪里知道，汉冶萍财产已经抵押殆尽，无法续借。无奈何，南京政府权要人士最终决定跳过盛宣怀，直接以汉冶萍公司的名义与日本三井洋行在南京订立《汉冶萍中日“合办”草约》，黄兴还用强硬的口气要盛宣怀务必在合约上签字。

盛宣怀这时是进退维谷，如果签字，舆论必定会群起而攻之，且不知晓他是为人所逼；不签，又保不住自己的财产。这时他想出一个金蝉脱壳之法，改派汉冶萍公司协理李维格在合约上签字，并暗地嘱他在签字前与日方商妥，在合约上另加一条：“该项合约须经汉冶萍公司股东公决，过半数同意方始有效。”后来舆论揭发了“合办”的消息，群情激愤，舆论把盛宣怀骂了个狗血淋头，呼吁民国政府制止。孙中山见势不妙，立即电告谈判代表设法废去此约，幸好有盛宣怀嘱咐在合约上另加的那一条规定，股东会投票公决，8/10 反对中日合办，盛宣怀随即以股东会的名义电告日方取消合约。一场纠葛就这样渐渐平息了，盛宣怀想起来还心有余悸，总算自己留有一手，处理得当，不致再背上骂名。

辛亥革命的滔天巨浪，迅速掀翻了大清王朝的帝国大厦。一些清朝大臣各地的财产，均被革命党查封或抄没，作为“铁路国有”的肇事者，盛宣怀亦不能幸免。

在江苏光复的第二天，都督府即派人来到盛宣怀在苏州的留园，宣布查封，并查封了盛氏在苏州的所有典当、义庄、祠堂、义田和房地产，并勒令捐钱助饷。当时盛宣怀之父盛康的遗妾许氏、盛宣怀的弟弟盛善怀、弟媳张钟秀以及许多盛家亲戚均在苏州。

时盛宣怀正在逃亡途中。尚未去日本而在上海“留守”的庄夫人，只好连连向他告急：“留园四位师爷均被革军看守，中市师爷（盛康之妾许氏所住处的管事）关闭三日，苦不胜言。玉麟因姓盛，立要看守，幸经多人恳求保出。而革军令该师爷等赴申勒捐我们巨款，限五日回复。如能捐助，苏地产业即全数退还并为保护。中市（许氏）处亦勒捐一万二千元，许氏已允一万元，革军仍不满意，尚未了结……革军捐饷一层，现由王翼廷出来担任，刻尚未议妥。据戴福廷（原为盛康的幕僚）说，苏州捐款只能将苏州产业退出，沪地不在内。我意拟捐助一次，无论苏、沪、常、浙，只要是我们的产业，统要退出、保护，方肯出钱。即使出钱，亦要除去‘助饷’二字，只能附中华银行股份……”

开始庄夫人还想与“革军”讨价还价，提出种种要求，她尚不明白天下大势早已逆转，早已不是盛家张嘴说话的时候了。各地的坏消息不断传来，自家的亲戚和过去的朋友也有落井下石者，甚至盛家的长房长孙盛毓常竟在沪被人绑票，庄夫人本人也差点儿被绑去，只得东藏西躲。

盛家的家臣钦其宝、顾泳诠也不断地报来触目惊心的消息："顷阅《民主报》载要闻一则，言某某阴谋败露，将汉冶萍厂矿密与小田切商酌，售于日本，并载公（指盛宣怀）旅寓甚详，观之骇然……现革党将富户极意搜刮，苏州自庄思缄（庄蕴宽，庄夫人的娘家亲戚，1911 年 11 月曾代程德全任江苏省都督，在盛家财产问题上不肯帮盛家忙）到任后，各富户存有戒心。闻前日将有田者查明注册，勒捐巨款，如不遵者，一律充公……昨有京友回南，言土老（袁世凯）异常跋扈，思及公（盛宣怀）财，欲捐巨款，又拟将厂矿抵于洋人……留园仍有革据，并欲卖钱以贴军用。戴福庭欲谋经理，日与革党要好。郑道生（亦是原盛康幕僚）异常艰窘，首饰已尽，仍住丹阳码头，与革不连，总算稍有骨气。王迪人（盛宣怀的幕僚，苏州留园管事）之子，时常断炊，屡托人来说项，将年内薪水照付……至家产罄尽，大概皆然，付之于命可也！"

钦其宝又云："本月（1912 年 1 月）十四日系招商局开股东会，到场者均为革党，其宗旨要在招商局借银一千万两；其次将公（指盛宣怀）所有股票悉数充公……计算兵费，每月需洋一千余万元，而所捐之饷，不及十分之一，是以到处用强硬手段，搜刮各富户财产……现在各处乡间，盗贼蜂起，吴江罗墟镇，前月下旬抢劫一空，革党亦无一兵一卒前去查看，于是盐枭流氓从此无忌矣……今顾泳铨亦不能出场，宝亦为革党所知，如到中国地界，必为革党擒去，调换泳铨，以至寸步难移，奈何！奈何……”（参见姜正成主编：《中华商圣系列：实业之父盛宣怀》，中国财富出版社2015年版）

不久，又传来消息，盛家设在苏州、常州、无锡、江阴、常熟、嘉定、扬子、南京、武汉、杭州等地的房产、地产及典当10所，及义田、义庄、祠堂，均告“失守”矣！仅余上海和北京两地的自家住房尚在手中，大概是北京的府学胡同的房产已抵押在正金银行，而上海的静安寺老公馆地处租界内，华人尚不便贸然“进攻”的原因吧。然而庄夫人仍闻四面楚歌，惊恐万状。

先是苏州的亲戚为人勒令捐饷所迫，前来找庄夫人要钱，因苏州的产业均被查封，店铺和典当均无法营业，而勒捐甚紧，只好向庄夫人告急。盛宣怀的弟媳张钟秀（苏州拙政园主人张月阶的小姐）被迫跑来索要30万两，庄夫人因无法应付，只好逃出家门，避而不见。但逃到各处，亲戚均不敢收留，怕祸及己身，只好逃到老管家顾泳铨家里，不巧又被盛宣怀的堂侄海颐的妻子程氏撞见，庄夫人恐怕连累顾氏，只得再逃。最后在盛宣怀的洋顾问、美国人福开森的帮助下，住进了英国人开的格哩饭店，暂避风头。谁知该饭店楼下住的尽是广东革命党人，他们很快就侦知了楼上的这位阔太太即是前清邮传部尚书盛宣怀的太太，于是扬言进门抓人。庄夫人从侍从处得知后，只好再逃回老公馆，躲在内室，将前后门关闭，不见生人。

接着有上海陈其美部勒令捐饷，庄夫人请朱志尧与其调和。朱志尧答应捐款 10 万两，“彼党未允”，朱回来报告说，看来至少需要 20 万两才能过关。庄夫人只得为此东调西挪，以保全身家性命。

至于静安寺路上的老公馆，乃盛家的大本营，几乎成了唯一的立足之地，必须牢牢守住。庄夫人万般无奈之时，只好商谈日本人前来“借住”，尤其是靠路边（静安寺路和成都路路口，新中国成立以后曾作为中国人民银行静安分行，现已拆）的一幢大花园洋房，常有陌生人前来窥探。为防万一，庄夫人致函盛宣怀，赶快托人请洋人多住些人进来，省得被革军拿去。盛宣怀到了日本后继续遥控指挥上海的一切，安排好了花园洋房再安排其他房子。他在给管家钦其宝的信中吩咐道：“斜桥西首亭式洋房已经租出，而从前汉冶萍公司办事之老洋房，尚未有租户。鄙意此处毗连自己的住宅，最好借与领事官做住宅，不论何国，不收房租；惟楼下须空出两间，留一大餐间，鄙人回沪后，若有意外烦恼，即到此间暂避。此意务先期讲明，并可订期半年。彼既免费，又省搬动，或可易于招徕，请即商之熟识西人代为绍介，以速为贵，因东京天气骤凉，不宜久居也。”为了保证房子的安全，几乎是在求洋人来住了。

盛宣怀接连向国内发电发信，除了部署一些细节，主要是请他的一些洋朋友在此危难之时，能出面保护盛家的财产。受其委托的人主要有：日本人森恪（三井洋行职员）、英国人答拉斯（英国通和洋行经理）、美国人福开森（字茂生，曾任盛氏的家庭总教习，盛宣怀本人的洋顾问、南洋公学的总教习，后又由盛宣怀保荐为大清邮传部的洋文秘书）、日本人高木陆朗等。他接连签署“委任状”，委任森恪云：“所有别表目录记述一切财产，原来归盛氏独产及其股份之私有者，现次为森恪君代表盛氏，所有以上一切财产交付森恪君。故兹言明，森恪君有一切全权（随时电商）。特给为据。”又与高木陆郎订立由朝日商会出面保护盛家财产的合同，合同规定：“所有盛杏记苏州、南京、杭州、湖北各地基并江苏各典当以及各市房，委托朝日商会保护。”（参见宋路霞著：《盛宣怀家族》，上海科学技术文献出版社 2009 年版）

这些洋朋友鉴于旧日交情，都是愿意帮忙的，问题是革命浪潮到来之时，洋人的身价同样掉价了，特别是，基层革命军根本不买日本人的账，有时候日本人越出面事情就会越糟糕，谁依仗日本人就会被认为是卖国。因而盛同颐赶紧给父亲电报：“还产无公令，骤由日人出面，无论有效与否，恐群起反对，内地尤虑生枝节。

万一决裂，几无立足之地，乞详酌再办。”李维格亦来电报说："察看情形，公若借外力，不但财产不保，尚恐激成他变。朝日商会事亦万不可行。只有静候风渐过去，再筹保金，押股人极疑虑。”（参见宋路霞著:《盛宣怀家族》，上海科学技术文献出版社 2009 年版）

如此一来，简直就是无计可施，只好静待命运的发落了。还好，总算期盼来点好消息，长房长孙盛毓常之前被浙江军政府拘捕，后来由上海军政府都督陈其美以“盛氏罪状未定”作为理由给放出来了。盛宣怀急忙打电报问管家顾泳铨："常放（毓常被放回），谁之力？朝日商会罢。”（参见宋路霞著:《盛宣怀家族》，上海科学技术文献出版社 2009 年版）

高木陆朗二月份的来信，给他带来了更重要的好消息，关于保护盛氏的所有财产事宜，接到森恪自南京的来电，说是经过各方努力，已经跟民国政府谈妥，民国政府将按照宫保（虚官名，指盛宣怀）所拟草稿办理，可通知各省都督府，完全保护等，希望可以放心。不过关于“报效”（捐饷）一节，原先已经许诺 30 万两，森恪已经向民国政府讲过了，如今已不好再改口了，仍出原本商议 30 万两为安。并且告诉盛氏，他原本拟定请三井洋行先行为之垫款，早日付款，产业问题才能早得解脱，然而三井董事会不愿意，无可奈何。只好再与山本条太郎（原为井上馨秘书，时兼三井洋行上海分行经理）商议。山本原先和盛宣怀交谊深厚，慨然许诺。

没过几日，北京方面也有消息传来，说是袁世凯同样主张保护盛氏财产。不过盛宣怀还有些不放心，马上打电报给管家顾泳铨，要他设法和森恪联系，索要民国政府的还产命令查看，他要目睹真正的公文。估计这个公文确实是有的，只是各地执行起来却非常不方便，竟然拖至两年之后才算真正得以解决，而这期间也不知花去多少“捐饷”与人情（参见姜正成主编：《中华商圣系列：实业之父盛宣怀》，中国财富出版社 2015 年版）。

5. 晚年的迷失与彷徨

盛宣怀生命的最后几年，正是中国近代资产阶级民主派与封建专制势力激烈搏斗的关键时期，两大对抗势力的代表人物孙中山与袁世凯都与盛宣怀这位实业巨子保持着某种程度上的联系，处于孙中山和袁世凯之间的盛宣怀，曾经尽力平衡关系，以保护和发展他的实业，因此在某些场合也对这两位风云人物有过比较中肯的评价，但总起来看，他的阶级立场是鲜明的，对孙中山和袁世凯一贬一褒、一抑一扬的态度也是鲜明的。

盛宣怀与孙中山的初次结识，可以追溯到甲午中日战争前后，中介人是郑观应。光绪二十年（1894），孙中山北上津、京，准备赴总理衙门办理护照出国考察，打算乘便上书李鸿章，陈述救国主张。郑观应为孙中山写了一封致盛宣怀的信，将孙介绍给盛，并请盛代为转荐于李鸿章。郑观应与孙中山同为广东香山县人，孙中山的家乡翠亨村和郑观应的家乡雍陌乡仅相距 30 华里。光绪十六年（1890）后，郑、孙二人接触渐多，在医学、政见等方面也有许多共同语言，因此郑观应很乐于帮助孙中山上书李鸿章。在致盛宣怀的信中，郑观应也对孙中山评价颇高，称其“少年英俊”“其志不可谓不高，其说亦颇切近，非若狂士之大言欺世者比”。因此郑观应“以尺函为介”，请盛宣怀帮助孙中山“俯如所请”“上书傅相”。然而盛宣怀不知何故未能成荐，仅在所收郑函上注“孙医士事”字样了事，再无下文（参见李敖著 :《孙中山研究》，中国友谊出版公司 2006 年版）。

后来，孙中山于光绪二十六年（1900）秋策划成立中央政府，曾推荐盛宣怀出任主持内政委员。民国成立后，孙中山仍很重视盛宣怀在发展实业方面的作用，多次与其互通信函。1912 年秋盛宣怀自日本返回上海后，孙中山先后两次面晤盛宣怀，畅谈发展中国的铁路事业。

可是盛宣怀对孙中山的态度明显表现出一种表面文章式的溢美和内心的不信任，甚至恶感。如他曾称赞孙中山“以一手变天下如反掌，即以一手让天下如敝屣，皆以为民也”；他感激孙中山“吴中祖业蒙公保护维持，加人一等”，“使敝族数百家均沾大德，感泐尤深”，表示孙中山的主张“与下走平生怀抱差幸不谋而合”，甘愿跟随孙中山，“操之纵之，下走皆惟命是从”。可是，他又贬低孙中山“有理想而无经验，不足与谋”“此君似已不得人心”，甚至将其打入强盗之列，说“航业先为各国侵占，所补救者十之三四，遭乱损失已巨，几为孙、黄所夺。刘学询乃孙、黄所使，鄙人坚持驳散，若辈衔之刺骨”（参见宿丰林著：《辛亥革命后盛宣怀的政治倾向》，《黑龙江社会科学》2011 年 3 月刊）。

对于孙中山所代表的“革命党”，盛宣怀更是竭尽贬斥、蔑视之语，似有满腔仇恨。如把孙中山领导的同盟会视为杀人成性的“江洋大盗”：“我看同盟会太无道德，军兴以来，俨成盗界，近已人心厌乱。”“二次革命”爆发后，盛宣怀想方设法为北洋军提供所需，递送情报，而对讨袁军却一毛不拔，恶语中伤：“近日党人需饷甚急，不能忘情于汉冶萍及招商局，先从报纸谣言，函来索借，甚至以反间为要挟，以手枪、炸弹为恫吓，无所不至。”在盛宣怀眼中，“二次革命”不过是一场闹剧，“不足深虑”，但务要“荡平”，不可

“养痈成患”。

盛宣怀心目中的袁世凯又是一个什么样的形象呢？早在武昌起义发生后不久，袁世凯复出之时，盛宣怀就在致孙宝琦的信件中断言：“项城（即袁世凯——引者）到京，中外属望。”数日之后，则更进一步表达他对袁世凯的崇拜之心，曰：“近日伏睹项城一举一动，无不令人五体投地，为其下之国务大臣，何修而得此。”不仅对其崇拜得“五体投地”，甚至能成为“其下之国务大臣”也是一种荣幸（参见生番著：《1911：一个人的革命》，浙江大学出版社出版2011年版）。

当盛宣怀东渡日本避祸，背井离乡之时，仍不忘寻机吹捧袁世凯，并针对外人“皆恐其道德不足”之说，直抒己见，为袁辩护：“项城实一世之雄，论其才识、经验，断无其匹，黎、孙皆不足虑，惟中外皆恐其道德不足，人人以小人之心度君子之腹，未知何故？其实，现处君人之位，且三千年来第一人之位，何必再以机械胜？”（宿丰林著：《辛亥革命后盛宣怀的政治倾向》，《黑龙江社会科学》2011年3月刊）

1912年夏，盛宣怀在日本听说，“总统（指袁世凯）谈及，南来诸人尚多不满意于庆、泽、那、盛，总统力辟之，始息。目前不如暂在日本，所有财产，允为尽力保护”，感激之情，不禁油然而生，在致孙宝琦的信函中坦述肺腑之言：“读之不胜感激涕零！”进而表

盛宣怀的葬礼

示自己绝非无情无感，定将反过来为袁“大总统”效忠出力：“大总统慨允保护财产，岂仅一人一家之私谊，足以感动人心，实亦为将来出资办事者劝。”盛宣怀便以支持袁世凯办实业为名，于1912年10月间从逃亡的日本回到上海。

很明显，盛宣怀如此吹捧、逢迎袁世凯，是因为他把定国家、平天下的重任，寄托到了袁世凯的身上，希望袁世凯能迅速扑灭革命“动乱”，再开一个万世太平基业。

1916年4月27日，盛宣怀病逝于上海，终年72岁。他的葬礼极其盛大，轰动上海，出殡仪式耗资30万两白银，送葬队伍从斜桥弄一直排到外滩，为此租界当局专门安排了交通管制。

对于生活在太平盛世的我们来说，盛宣怀变成了永远无法取而代之的旷代绅商，只可以在感慨中去猜想他的人生。动荡纷乱的特殊历史背景环境，给他的人生经历涂抹上了一层厚厚的传奇色彩。盛宣怀的一生都在政治与实业之间交错活动，办大事与做高官就是他的价值观中互为统一的两个方面，他以自己生命的终结为自己的这个价值、立场作了最后的诠释。

后 记

“一带一路”相关国家众多，代表性人物众多，为中外交好、民心相通做出杰出贡献的人士众多。因此，为“一带一路”璀璨群星立传，既使命光荣，又责任重大。在这项浩大工程的策划、组织、执行过程中，有许许多多的志士参加了有关传主的名单征集和审定，以及写作、翻译、审读、编辑、出版、筹资、联络等繁重而琐细的工作。所有参与的人员，以拳拳报国之心，尽深厚学养之力，克服了时间紧、任务重、要求高、压力大等诸多困难与挑战，最终圆满完成了任务。在本书付梓之际，丛书编委会特向参与本项目的全体同志致以崇高敬意和衷心感谢!

同时特别需要鸣谢的是，提出策划并领导实施此项目的中国传记文学学会会长王丽博士。王博士长期从事法律实务工作，经验丰富，并由于她担任“一带一路服务机制”主席职务的原因，她对相关国家、对走出去的“一带一路”建设者和广大青少年的需求了解真切，提出应当为他们写一套介绍各国典型人物的简明易读的传记，为他们提供健康的精神食粮。她把这项“额外”的工作当成了事业，联袂商会筹集资金、苦口婆心招揽作者、精心挑选传主名录、夙夜青灯挥笔写作、近乎偏执逐字推敲，可谓亲力亲为呕心沥血。面对如此浩大的出版项目和繁重的出版任务，中国出版集团华文出版社不但毅然承担了出版任务，而且集团和出版社的领导与中国传记文学学会的负责同志一起协商，寻求有关部门的支持和帮助，努力将该传系打造成高质量的精品好书。在此，我们特向项目牵头人和中国出版集团公司、华文出版社的相关领导和编辑致以崇高敬意和衷心感谢!

更让我们感动的是，在项目实施过程中，一些富有家国情怀的民间商会和企业家的慷慨解囊，虽不足以支撑项目的全部费用，但是他们所表现出的热心和支持，让我们坚定了走下去的信心和决心。在此，我们要特别鸣谢为本项目的创作与出版做出捐赠支持的中国民营经济国际合作商会、亿阳集团股份有限公司、富通集团有限公司以及太平洋证券股份有限公司，并对他们的拳拳报国之心和慷慨无私帮助致以崇高敬意和衷心感谢！

一项伟大的事业，离不开许多默默无闻的奉献者。在本传记系列的组织、编写、出版过程中，有历史、文学、科研、外交、教育、法律、翻译、出版等领域的数百位专业人士参与，恕不能在此处一一详列。需要特别提出的是，鞠思佳、景峰等同志为组织联络、收集资料到处奔波而毫无怨言，唐得阳、唐岫敏、白明亮、谭笑等同志在编写、翻译和编辑、校对过程中的细致与负责让我们感动，赵实、胡占凡、高明光、吴尚之、刘尚军、李岩、王灵桂、李永全、陈晓明、许正明、宋志军等同志睿智的指点和专业的帮助让我们避免了许多弯路。在此，我们特向以上各位同志致以崇高敬意和衷心感谢！

当然，由于我们水平所限，本丛书难免有某些不尽如人意和瑕疵之处，敬请学界专家和各位读者不吝赐教，我们将在作品再版之时予以完善。在此，我们也向各位读者提前表示崇高敬意和深深感谢！

“一带一路”列国人物传系编委会
2018 年 3 月 8 日